100% OFICIAL

JUSTIN BIEBER

Primeiro passo para a eternidade: Minha história

Tradução
Phellipe Marcel

HarperCollins Publishers
77–85 Fulham Palace Road
Hammersmith, London W6 8JB
www.harpercollins.co.uk

Publicado originalmente em inglês pela HarperCollins Publishers 2010
1 3 5 7 9 10 8 6 4 2

Título original: Justin Bieber – First Step To Forever, My Story

Design por Lucinda Lowe and Nikki Dupin

A Ediouro Publicações Ltda., inscrita no CNPJ/MF sob o nº 00.935.453/0001-00, é a empresa responsável pela importação desta tiragem.

A Ediouro Publicações Ltda. autorizou a Editora Nova Fronteira Participações S.A. a distribuir e comercializar esta obra.

Impresso e encadernado na Grã-Bretanha por Butler Tanner & Dennis Ltd, Frome, Somerset.

O selo FSC garante que este livro foi impresso em papel feito com madeira de reflorestamentos certificados de acordo com rigorosos critérios sociais, ambientais e econômicos estabelecidos pela organização internacional FSC (Forest Stewardship Council) e outras fontes controladas.

Produção Editorial: Ana Carla Sousa e Rachel Rimas
Tradução: Phellipe Marcel
Preparação: Mariana Gouvêa
Revisão: Rayana Faria
Diagramação: Trio Studio

CIP-BRASIL. CATALOGAÇÃO NA FONTE
SINDICATO NACIONAL DOS EDITORES DE LIVROS, RJ

Bieber, Justin
Primeiro passo para a eternidade: Minha história; tradução Phellipe Marcel. - Rio de Janeiro : Ediouro Publicações Ltda., 2010.

Tradução de: First Step 2 Forever: My Story
ISBN 978-85-220-1215-2

1. Justin Bieber (cantor). 2. Música pop - Estados Unidos - Autobiografia. I. Bieber, Justin. II. Título.
CDD: 927.824166
CDU: 929:78.067.26

Texto estabelecido segundo o Acordo Ortográfico da Língua Portuguesa de 1990, em vigor no Brasil desde 2009.

Rua Nova Jerusalém, 345 – Bonsucesso
Rio de Janeiro – RJ – CEP 21042-235
Tel.: (21) 3882-8200 – Fax: (21) 3882-8212/8313
www.ediouro.com.br

SUMÁRIO

UMA MENSAGEM DIRETA E ESPECIAL AOS MELHORES FÃS DO MUNDO!

Como posso começar a agradecer os responsáveis por essa jornada? Considero cada uma de vocês minhas garotas favoritas — como na minha música "My Favorite Girl" — por diferentes razões, já que todas são especiais do seu próprio jeito. Sempre tento, em minhas turnês e outras atividades, estar em contato com vocês o máximo possível. Quando vocês estão lá na frente em algum show, tento me esticar para tocar suas mãos. Quando vocês vão para o lado de fora da casa de shows depois de eu me apresentar, cuidado: podem acabar encharcadas, no meio de uma das nossas guerras clássicas de pistolas d'água. Talvez vocês estejam comentando com seus amigos no Twitter que é quase impossível fazer contato comigo, e eis que, de repente, eu começo a seguir vocês! Antigamente achava que meus sonhos também eram quase impossíveis, mas como digo numa canção, nunca diga nunca: "never say never". Jamais me esqueço de que nada disso teria acontecido se não fosse por vocês, por isso quero compartilhar esta história com vocês: para que embarquem nesta aventura comigo, com todos os seus altos e baixos, com as risadas e as lágrimas. Vocês estavam lá desde o começo. Agora, ao verem o que eu vi e sentirem o que senti, espero que passem a acreditar que os maiores sonhos podem mesmo se tornar realidade. Estou vivendo os meus todos os dias. Graças a vocês.

COM AMOR,
JUSTIN

CAPÍTULO 1

CAINDO NA ESTRADA

justinbieber Canadá fico triste de ter q ir embora, mas estamos começando a turnê e temos q voltar aos ensaios... MEU ÔNIBUS É IRADO!! É uma festa em 4 rodas!

16h17, 21 de junho, via web

HARTFORD, CONNECTICUT
TERÇA, 22 DE JUNHO DE 2010
9H45

Ao entrar de patins no XL Center, sinto que deveria estar de skate.

– Ei! – Cutuco meu avô nas costelas. – Tá sentindo o cheiro de hockey?

– Com certeza – responde ele, rindo.

Em menos de quarenta horas, o estádio estará completamente lotado, com quase vinte mil fãs se esgoelando, mas agora o lugar está clamando por uma Zamboni.

Essa máquina gigantesca parecida com um tanque de guerra, a Zamboni, alisa o gelo durante o intervalo das partidas de hockey. Ela derrete superficialmente o gelo, que quase imediatamente recongela, liso como vidro. Nem consigo acreditar que preciso explicar o que é uma Zamboni! É como descrever algo que você conhece desde o dia em que nasceu!

“Muita coisa pode acontecer em três anos... é surreal!”

O hockey é a alma do canadense. Esse esporte corre no nosso sangue.

De vez em quando, nos intervalos dos jogos, um convidado famoso — um herói de guerra, uma miss, um âncora de telejornal local ou o que for — dirige a Zamboni. Até três anos atrás, essa era a minha definição de celebridade: ser chamado para patinar com a Zamboni pelo estádio. Minha definição de rockstar era alguém que vai pra cima e pra baixo num ônibus de turnê.

Muita coisa pode acontecer em três anos.

Quando eu tinha 12 anos, meu empresário — e caçador de talentos, daí seu apelido —, Scott “Scooter” Braun, assistiu a um vídeo no YouTube em que eu aparecia cantando num programa de calouros local. Quando fiz 14 anos, nos juntamos ao cantor de hip-hop Usher, que na época estava gravando um álbum. Além de ser um dos meus heróis, ele também ajudou a me apresentar ao mundo. Poucos meses depois do meu aniversário de 15 anos, meu primeiro *single* foi lançado. Agora tenho 16 e estou prestes a iniciar minha primeira turnê como atração principal.

É SURREAL!

A turnê *My World* vai percorrer 85 cidades dos Estados Unidos e do Canadá — e estarei em contato com quase dois milhões de fãs —, tudo em menos de seis meses. Meus backing vocals — o grupo Legaci —, meus dançarinos, minha banda e uma equipe enorme estão todos na estrada comigo. Para acomodar todo o pessoal e o equipamento, usamos oito ônibus e uma frota inteira de carretas.

UAU!

"A turnê *My World* vai percorrer 85 cidades – e estarei em contato com quase dois milhões de fãs –, tudo em menos de seis meses."

Vou até a garagem dos ônibus com meus avós — Bruce e Diane Dale — e com Kenny Hamilton, meu segurança particular ninja e vítima constante dos poderes de destruição do meu Xbox 360. Minha mãe, Pattie Mallette, se remexe agitada atrás da gente, vestindo calça jeans apertada e salto alto. Mamãe é pura diversão, e sacrificou muita coisa por mim.

O Scooter já estava no estádio há horas, jogando um basquetezinho com os *roadies* — nossos tripulantes, que fazem parte da equipe — e os backing vocals, em meio a ligações de celular frenéticas. O Scooter é o verdadeiro idealizador de toda a operação, e junto com o restante da equipe ele cuida de todos os detalhes: assessoria de imprensa, lidando com pedidos de entrevista e fotos; questões logísticas, como a distribuição das equipes pelos ônibus; e, é claro, questões de vida ou morte, como não deixar que eu coma pizza nos dias de apresentação (não é muito recomendável que um cantor coma laticínios antes de um show, mas como todos sabem, eu não sou lá muito de seguir as regras. Adoro pizza!). O Scooter está sempre armando alguma estratégia — ele encara a vida como um jogo de xadrez, sempre oito passos à frente. O cara é um monstro!

Cumprimentando rapidamente o Kenny e abraçando minha mãe e eu, ele nos leva das catacumbas dos bastidores ao estádio onde ocorrerá o show, onde nossas máquinas estão a toda, com suas polias instalando uma enorme cesta de aço, daquelas que ficam sob balões.

– Legal – dizemos eu e Kenny, assentindo.

Toda essa parafernália é para me fazer planar sobre a multidão durante a música "Up", partindo de uma altura de uns dez metros e descendo até flutuar sobre as cabeças da plateia, deslizando em ondas de energia e barulho, mergulhando, não a ponto de conseguirem encostar em mim, mas perto o suficiente para que eu veja todos aqueles rostos lindos. Espero de verdade que meus fãs amem essa parte do show. Logo depois, a gôndola faz um ruído parecido com o de um carro se arrastando no muro de proteção de uma estrada. Ela para. Tremores por todos os lados.

Faço uma cara de espanto:

– Opa! Isso não deveria estar acontecendo.

Lá de cima, nas passarelas, a equipe pendurada nas polias discute sem parar, sussurrando em seus *walkie-talkies*. Isso não é legal. Mas quando começo a sentir meu café da manhã caprichado dando reviravoltas no estômago, um braço reconfortante passa pelos meus ombros. É a namorada do Scooter, a Carin, que parou ao meu lado. Ela está ajudando na turnê – mas o que ela realmente faz é cuidar para que eu e o Scooter consigamos administrar este momento louco de nossas vidas. Ela é uma peça fundamental de nosso sistema de apoio, e está sempre pensando em meu bem-estar acima de tudo.

– Não liga pra isso – recomenda ela. – Vai ficar legal. O mais importante aqui é a segurança, e não os efeitos especiais. Você sabe disso.

– É, eu sei – concordo –, mas não quero estragar nenhum efeito. O show está tão bacana! Quero que tudo saia perfeito.

– E vai sair – diz mamãe. Vai ficar maravilhoso.

– Maravilhoso – concorda Carin. – Olha lá, acho que eles conseguiram.

A gôndola de metal volta ao prumo, planando suavemente com a música de fundo tocando na mesa de som, "Up":

It's a big, big world. It's easy to get lost in it... *

Adoro esse verso. Às vezes acho que essa é de fato a expectativa de muita gente: meu mundo se tornou muito grande rápido demais, e tendo em vista um monte de exemplos tristes, muitas pessoas esperavam que eu me perdesse neste mundo. Sempre me fazem as mesmas duas perguntas: "Como você começou?" e "Como você mantém o pé no chão?".

De lá do XL Center, pude vislumbrar as respostas: estou cercado de gente boa, um pessoal muito esperto, supertalentoso, que me ama e cuida de cada passo que dou. Não me deixam perder de vista de onde vim e para onde vou. Não deixam que o sucesso me suba à cabeça. Meu sucesso vem de Deus, através de pessoas que me amam e que me apoiam, inclusive meus fãs. Cada uma de vocês me coloca um pouquinho mais para a frente.

* "É um mundo muito, muito grande. Tão fácil de se perder..."

"Meu sucesso vem de Deus..."

"Meu mundo se tornou muito grande rápido demais, e tendo em vista um monte de exemplos tristes, muitas pessoas esperavam que eu me perdesse neste mundo."

*...nowhere but up from here, my dear... Baby we can go nowhere but up. Tell me what we got to fear. We can take it to the sky, past the moon through the galaxy. As long as you're with me.**

Que viagem! Melhor que dirigir uma Zamboni.

Ainda não tinha me dado conta de quão grande esse show realmente seria até chegarmos ao XL Center. Tom Marzullo – o diretor da turnê –, o Scooter e eu começamos cheios de grandes ideias, e, quando os ensaios começaram, fiquei embasbacado diante da maravilha que aquilo seria. Equipamentos gigantescos navegando pelo ar. Um palco de dois andares com rampas e plataformas. Elevadores erguerão pedaços enormes do nosso cenário céu acima e se recolherão no subsolo novamente. Temos máquinas de gelo seco, canhões de luz! Eu e meus dançarinos voamos a cinco metros do chão durante a apresentação – altas produções! Não consigo acreditar que sou o protagonista disso tudo, e sinto uma grande responsabilidade para não estragar tudo.

– É muita coisa – diz vovô, como se estivesse lendo minha mente. – 'É... é muita coisa; mas sei que você vai se virar, Justin. Só faça aquilo que você já faz bem, e tudo sairá ótimo.

*...we were underground, but we're on the surface now.***

* "... não há outro caminho senão para além daqui, querida... Baby, não há outro caminho senão para além daqui. Me fale o que há para se temer. Podemos levar esse medo para o céu, depois da Lua, pela galáxia. Desde que você esteja comigo"

** "... viemos de baixo, mas estamos por cima agora."

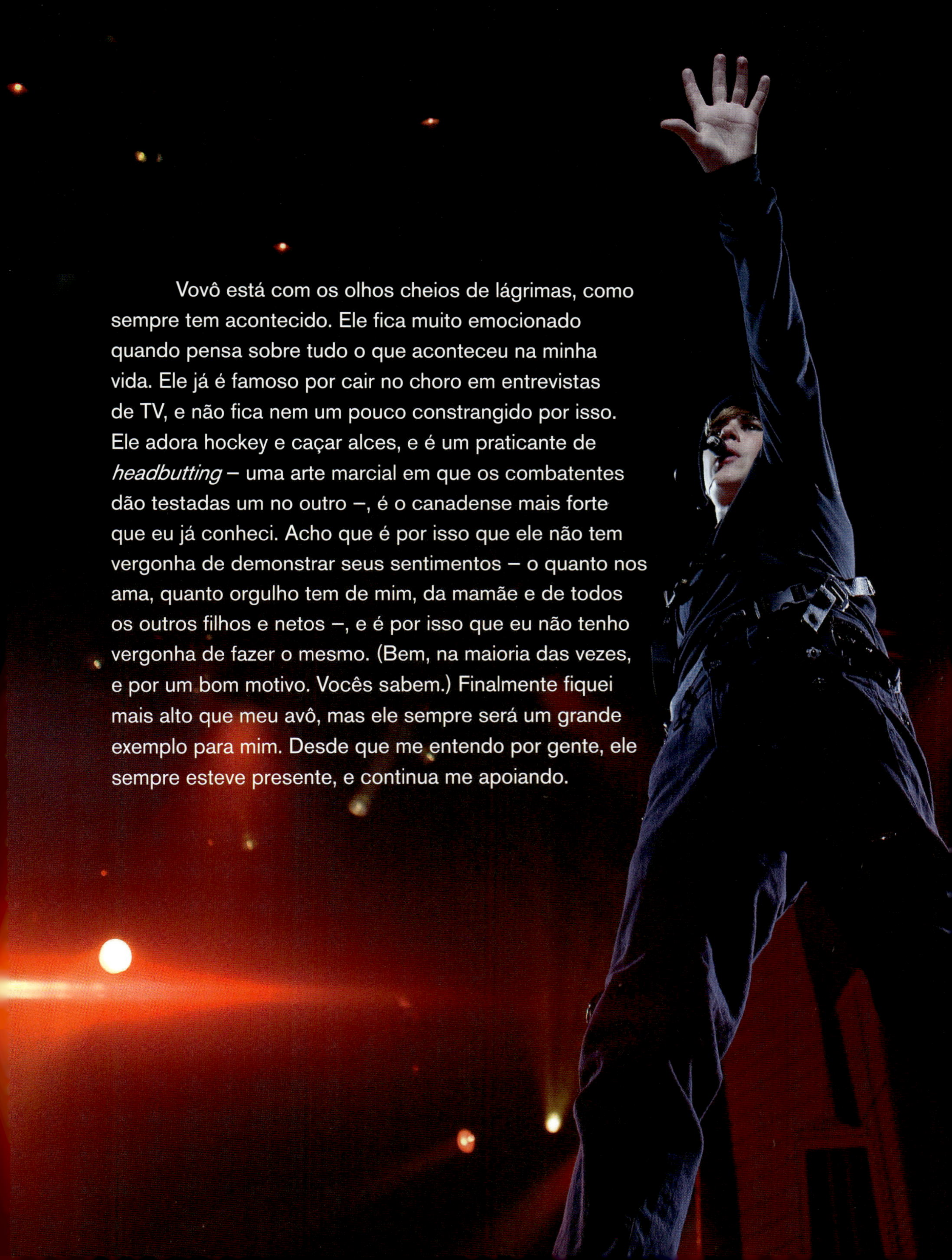

Vovô está com os olhos cheios de lágrimas, como sempre tem acontecido. Ele fica muito emocionado quando pensa sobre tudo o que aconteceu na minha vida. Ele já é famoso por cair no choro em entrevistas de TV, e não fica nem um pouco constrangido por isso. Ele adora hockey e caçar alces, e é um praticante de *headbutting* – uma arte marcial em que os combatentes dão testadas um no outro –, é o canadense mais forte que eu já conheci. Acho que é por isso que ele não tem vergonha de demonstrar seus sentimentos – o quanto nos ama, quanto orgulho tem de mim, da mamãe e de todos os outros filhos e netos –, e é por isso que eu não tenho vergonha de fazer o mesmo. (Bem, na maioria das vezes, e por um bom motivo. Vocês sabem.) Finalmente fiquei mais alto que meu avô, mas ele sempre será um grande exemplo para mim. Desde que me entendo por gente, ele sempre esteve presente, e continua me apoiando.

LOVE
TRUE

CAPÍTULO 2

UM MÚSICO SECRETO

justinbieber A música é a linguagem universal, independentemente do país ou da cor da nossa pele. Ela nos une

11h37, 19 de maio, via web

No dia em que nasci – 1º de março de 1994 –, a cantora Celine Dion estava em primeiro lugar, com vantagem, no *Billboard Hot 100*, estourando com a música "The Power of Love". Nada mau começar a vida assim, não é? Meu diretor musical, Dan Kanter, cujo prazer secreto é Celine Dion, devia estar animadíssimo naquele dia. Como a música estava tocando em todas as estações de rádio, eu provavelmente ouvi a Celine antes mesmo de olhar pela primeira vez para o céu azul de Stratford, em Ontário. Minha cidade natal fica quase quatro mil quilômetros ao nordeste de Los Angeles, a 850 quilômetros noroeste de Nova York, pouco mais de dois mil quilômetros ao norte da Disney World e do outro lado do mundo em relação a Tóquio. Mas naquele dia, todo o mundo estava ouvindo Celine Dion, e amando suas músicas.

Sou canadense com muito orgulho, e espero que isso transpareça em tudo o que faço. Adoro hockey, xarope de bordo (Maple Syrup) e chocolate Caramilk. O Canadá é um país maravilhoso em todos os sentidos, e Stratford é um ótimo lugar para se viver. As pessoas são legais, mas não impressionáveis. Sempre que posso volto lá para visitar meus avós, além de meus amigos Ryan e Chaz, e todos me tratam da mesma forma de sempre.

Stratford é uma cidadezinha com cerca de 30.500 habitantes, batizada em homenagem a Stratford-upon-Avon, na Inglaterra, a cidade natal de William Shakespeare. Não é à toa que Stratford vive cheia de comédia e drama, e que abriga o maior festival shakespeariano da América do Norte. Todo verão, cerca de um milhão de turistas passam por lá para assistir às peças no Avon Theatre, conferir as artes e artesanatos locais e passear. No inverno, porém, Stratford fica bem menos movimentada.

Se você olhar para um mapa da América do Norte, verá que Ontário é aquele pequeno triângulo do Canadá que se alonga até os Grandes Lagos, cortando--os, entre Nova York e Michigan. Stratford é, de fato, muito próxima dos Estados Unidos, no meio do caminho entre Detroit e Buffalo. Contudo, quando falo pras pessoas que sou canadense, algumas acham que eu vim do Polo Norte num trenó puxado por cachorros ou algo do gênero. Às vezes realmente parece que o inverno de lá não acaba nunca, mas isso só acontece porque a garotada fica morrendo de ansiedade para o ano letivo terminar logo. O verão é quente e úmido, mas sempre muito divertido. No outono, o lugar todo resplandece de cores inacreditáveis. E a primavera, por fim, é incrivelmente linda! Os bonecos de neve desmontam ou as pessoas os chutam para que eles caiam, e os pedaços remanescentes derretem depois. No campo de beisebol, a grama parece lutar para acordar. O ar é puro. Tudo cheira a pinheiros molhados.

"Todos me tratam da mesma forma de sempre."

"Sou canadense com muito orgulho, e espero que isso transpareça em tudo que faço."

"Meu pai influenciou não só minha vida, mas também minha música."

Minha mãe e meu pai mal tinham saído da adolescência quando eu nasci. Não eram muito mais velhos do que sou hoje. (E, claro, de vez em quando me assusto quando me lembro disso, então não perco muito tempo pensando no assunto.) Meu pai, Jeremy Bieber, era praticamente um moleque ainda, e dava o seu melhor para lidar com responsabilidades adultas gigantescas. Mais recentemente, comecei a entender como isso é difícil. Nós dois sempre tivemos uma relação muito boa, e, à medida que você for lendo esta história, vai perceber como ele influenciou não só minha vida, mas também minha música. E admiro muito minha mãe por ter tomado as rédeas para resolver todos os desafios de sua vida.

Meus pais se separaram quando eu tinha dez meses. Logo depois, papai começou a trabalhar no ramo de construção civil fora da cidade. Mamãe basicamente topava qualquer trabalho que nos ajudasse a ter um teto sobre nossas cabeças. Chegamos a morar em casas do sistema público de habitação, e não havia luxo em nosso pequeno apartamento, mas nunca me dei conta de que éramos, na verdade, pobres. Tínhamos um ao outro, e só precisávamos disso.

Enquanto mamãe trabalhava, eu ficava na creche, mas também passava bastante tempo com meus avós. Eu tinha um quarto na casa deles, que a vovó pintou de azul e branco e decorou com bandeiras do time Toronto Maple Leafs em todas as paredes. Não tinha nem como fugir disso: estava no mundo do hockey desde meu primeiro dia de vida, e o Maple Leafs era meu time de coração.

Vovô e vovó nos levavam todo verão ao Star Lake, onde alugavam um chalé que pertencia ao clube de caça e pesca. Os irmãos e irmãs da vovó também iam para lá, e eu ia pescar junto com o vovô e com meu bisavô, pai

"Adoraria ter uma namorada legal."

da vovó. Como ele era franco-canadense, não falava inglês. Vovô, por sua vez, não falava francês, então não rolava muito papo nessas pescarias. Mas taí algo muito bom que aprendi pescando: às vezes não é necessário muito papo. Ha-ha!

Eu falava tanto francês quanto inglês desde pequeno, então conseguia traduzir para o meu avô.

– Pergunte se ele está com fome pedia vovô.

– *Avez-vous faim*? – perguntava eu.

– *Mais oui, j'ai très faim* – respondia o bisavô, assentindo animadamente.

Mas na maior parte das vezes, os dois sabiam as palavras mais importantes: *Fish, poisson* (peixe). *Boat, bateau* (barco). *Water, l'eau* (água). *Thanks, merci* (obrigado). *You're welcome, pas de quoi* (de nada). *I have to pee, j'ai envie de faire pipi* (Preciso fazer xixi). O que mais é necessário para se entender com alguém?

'Na pescaria, não é necessário conversar. A pescaria só acontece' dizia vovô, e me parece que muitas outras coisas da vida são assim também.

Imagine como deve ser legal estar com alguém e não precisar ficar enchendo linguiça no bate-papo... Odeio quando saio com uma menina e os dois precisam ficar se esforçando para puxar conversa . Acho que o que indica que o encontro está dando certo é quando você consegue simplesmente relaxar – ouvindo música, assistindo a um filme ou algo assim – sem se sentir obrigado a forçar uma conversa. O papo tem de ser natural. Quando o encontro está sendo bom, há sempre espaço para as pessoas dizerem coisas importantes. O Scooter me deu o conselho amoroso mais inteligente que alguém poderia receber — menino ou menina —, que é: simplesmente *ouça*. Isso significa escutar de verdade o que a outra pessoa está dizendo, em vez de perder tempo elaborando a próxima piadinha que você vai contar.

Pois bem... Naquele tempo, havia manhãs silenciosas na água. Agora, quase não tenho tempo para fazer isso. Estou ligado na velocidade da luz vinte e quatro horas por dia, sete dias por semana — e adorando! Sou grato por todas as bênçãos e oportunidades que surgiram em meu caminho. Mas preciso dizer: quando eu era pequeno, sonhava com uma vida "normal", com uma família "normal", e nada disso será possível daqui pra frente. A qualquer lugar que eu vá, um circo se monta ao meu redor, o que muitas vezes é difícil para a minha família. Eu adoraria ter uma namorada legal, mas ela teria de aguentar isso tudo. Vocês nunca me ouvirão reclamar da minha vida, mas espero que algum dia eu esteja com meu próprio neto às margens do Star Lake, puxando trutas-marrons com nossos molinetes e contando histórias sobre como nós nos reuníamos ao redor da fogueira à noitinha, todos rindo e falando ao mesmo tempo, exatamente como acontecia na ceia de Natal.

justinbieber não tem nada melhor que voltar pra casa e ver seus avós te esperando, sem te julgar, com puro amor

20h24, 13 de junho, via web

NATAL EM FAMÍLIA, GRANDE FAMÍLIA

Tradicionalmente, sempre nos reuníamos na casa dos meus avós no comecinho da tarde de Natal. Ano após ano, vovó montava e enfeitava a ávore de Natal com os mesmos enfeites que ficavam guardados no sótão. A família começava a chegar, e até a hora do jantar já havia bastante gente na casa. E não eram só avôs, avós, filhos, netos. Nossa família ampliada é realmente grande — bem, acho que "ampliada" é uma boa palavra para se referir ao tamanho dela.

Vejamos: o pai biológico da mamãe morreu quando ela era apenas um bebê, então o vovô é sem sombra de dúvidas o pai dela, embora tecnicamente seja padrasto, pois casou-se com a vovó quando a mamãe tinha dois anos. Foi assim que ela acabou ganhando um meio-irmão e um irmão emprestado de um casamento anterior do vovô — ambos se chamam Chris. Seria muito chato se essa parte da família dele — filhos e netos — passasse o Natal longe, então a ex-mulher do vovô, junto com seu novo marido e filhos, vêm passar a festa conosco. Somando-se a eles, ainda há primos deste lado da família e meio-irmãos do outro. A partir de um ponto, fica meio complicado distinguir que primo é filho de que tia, ou quem é o enteado do tio-avô, ou o neto de uma tia de consideração — e nos damos conta de que, no final, isso não faz a mínima diferença.

Somos uma família.

Todo mundo janta na casa, e vou contar a vocês: minha avó faz uma ceia de Natal que é uma *beleza*. Peru com molho. Bem que eu queria ter uma quentinha desse prato no ônibus depois dos shows. (Nosso apetite só aumenta durante a apresentação.) É maravilhoso. A gente come até passar mal. Depois, trocamos presentes em uma brincadeira de jogar dados: todo mundo chega com um presente. As meninas levam um presente para meninas; e os meninos para meninos. Dessa forma, não falta presente pra ninguém. A gente reveza jogando os dados, e quem tira números iguais nos dois dados pode pegar um presente . Se você tira números iguais novamente, pode roubar o presente de outra pessoa. Toda vez é aquela bagunça, um provocando o outro, mas ninguém fica chateado, porque na verdade não há como saber o que tem dentro das embalagens. Por que alguém se incomodaria por ter o presente roubado nessas condições? Você espera chegar a sua vez novamente, e o jogo só termina quando todo mundo está com um pacote na mão. Só então todos abrem os presentes, veem com o que ficaram, e acabam negociando, de qualquer forma.

É assim que somos na minha família, todos doam o que têm. Se determinado presente não é o que você precisa, talvez outro lhe sirva bem, e talvez o primeiro presente seja exatamente aquilo de que outra pessoa necessita. Nem sempre temos o que queremos. Eu tive sorte. Além de todas as outras bênçãos em minha vida, tenho minha família — exatamente como ela é. E agora minha família ampliada se amplia ainda mais, recebendo o Scooter, a Carin, o Kenny, o Ryan e o Dan, além de outras pessoas sobre as quais falarei mais à frente neste livro.

"É assim
que somos
na minha
família,
todos doam
o que têm."

DOWN TO EARTH

Eu compus "Down to Earth" alguns anos atrás, e estava muito ansioso para gravá-la no álbum *My World*. Essa música se tornou a favorita de muitos fãs. Sinto que muita gente consegue entender o que estou querendo dizer nela. Durante o show, não há necessidade de efeitos espetaculares no palco; o melhor que eu posso fazer é cantá-la de coração. Não tenho medo de expor minhas emoções; se você ama alguém, você precisa expressar. Se você acha uma garota bonita, diga isso a ela. O Usher diz que algumas músicas soam melhor quando o artista as canta com um certo soluçar. Você precisa deixar os sentimentos mais profundos virem à tona. Foi assim que me senti quando fiz esta canção. Às vezes, a emoção que ela traz é o suficiente para me deixar com lágrimas nos olhos.

No one has a solid answer.
We're just walking in the dark.
And you can see the look on my face,
It just tears me apart . . .
So we fight through the hurt
And we cry and cry and cry and cry
And we live and we learn
*And we try and try and try and try**

* "Ninguém tem uma resposta concreta.
Apenas caminhamos às escuras.
E você consegue ver o olhar em meu rosto,
O que só me despedaça...
Então combatemos a dor
E choramos e choramos e choramos e choramos
E vivemos e aprendemos
E tentamos e tentamos e tentamos e tentamos"

"– Veja pelo lado bom – recomenda o vovô."

No fim das contas, as famílias são o que são. Se você acha que é uma aberração por não ter uma família normal, vou te contar uma novidade: quase ninguém tem. Na verdade, não sei se realmente existe algo que se possa chamar de "família normal", e se existe, deve ser muito chata. Ou muito esquisita... Agora, sério mesmo: seria estranho até mesmo jantar com a "Família Perfeita". Você ficaria pensando o tempo todo que eles não podem ser tão perfeitos assim; ficaria imaginando que eles provavelmente estariam escondendo uma faca de açougueiro debaixo da mesa, prontos para te matar, ou que eles acorrentaram o carteiro no porão ou algo do tipo. Todas as famílias — até as que aparentam ser perfeitas — têm lá seus problemas em algum nível. O importante é como você lida com essas questões.

— Veja pelo lado bom — recomenda o vovô.

Todas as crianças da nossa família sabem que são amadas, e quase sempre, todo mundo se dá bem e é simpático um com o outro. É só amar e aceitar o outro como ele é. É só perdoar o próximo e esperar ser perdoado, já que Deus perdoa a todos nós umas seiscentas vezes por dia, e não fica quebrando a cabeça por isso.

So it's up to you and it's up to me
That we meet in the middle
On our way back down to earth... *

* "Então só depende de nós dois
Encontrarmos um meio-termo
Em nossos caminhos de volta à Terra..."

Meu pai costumava viajar muito a trabalho quando eu era mais novo, e, sim, isso me deixava triste algumas vezes. Mas ele também ficava triste. Só que na vida a gente percebe que o mundo não é perfeito e que, se dependesse da gente, teríamos ficado juntos o tempo todo. Também era difícil para minha mãe, porque ser mãe solteira nunca é tarefa fácil, especialmente criando um pestinha como eu. Em alguns momentos, eu pensava com meus botões: “E se tal e tal coisa tivessem acontecido?” ou “Poderia ter sido assim ou assado”.

No entanto, hoje, minha vida tem sido muito boa, e toda manhã agradeço pelas bênçãos que recebi.

"Minha grande admiração por ela vem do fato de ela ter estruturado a própria vida e ter conseguido criar uma para mim também."

Duas dessas bênçãos são meu irmãozinho ainda bebê, Jaxon, e minha maninha Jazmyn, filhos do papai. São as criancinhas mais fofas do mundo. Eu faria qualquer coisa por eles.

Agora, nessa vida de turnê, não poderei participar da vida deles tanto quanto gostaria, mas eles sempre saberão que sou o irmão mais velho deles e que os amo. Não os trocaria por nenhum "e se " ou nenhum "assim ou assado" que poderia ter acontecido.

Minha mãe tem sido bem honesta e sincera comigo, falando sobre as escolhas que ela fez quando tinha a minha idade: algumas dessas decisões não foram as mais acertadas, e dificultaram a vida dela e de sua família. Antes de eu nascer, ela começou a frequenter a igreja, e isso se tornou superimportante para ela. Lá ela percebeu o tipo de pessoa e de mãe que queria ser.

Depois de eu vir ao mundo, ela precisou trabalhar muito pesado o tempo todo, mas nunca reclamou. Ela me deu liberdade para eu ser quem sou, mas pregou os olhos em mim feito uma águia: disciplinou-me severamente, ensinando-me a importância de fazer a coisa certa e mantendo Deus na minha vida. Minha grande admiração por ela vem do fato de ela ter aprendido com os próprios erros, estruturado a própria vida e ter conseguido criar uma para mim também.

AMORES PROIBIDOS

Eu tinha dois anos em 1996, quando os Cardigans lançaram seu mega*hit* 'Lovefool', a música de trabalho de seu álbum *First Band on the Moon*. A música fez parte da trilha sonora da adaptação louca para o cinema do clássico *Romeu e Julieta*, de Shakespeare, também fantástico. Qualquer garoto pode se identificar com Romeu, que se esforça bastante para ser legal com todo mundo, mas não consegue parar de olhar para todas aquelas gatinhas em Verona. Ele logo seria vítima de uma das paixões mais fatais de todos os tempos.

"My friends say I'm a fool to think that you're the one for me".
*I guess I'm just a sucker for love...**

Esse sou eu, um romântico. Mas isso não é algo ruim. Será que existe alguém idiota o suficiente para não querer ter amor? Aposto que 95% dos caras de 16 anos admitiriam que pensam 45 coisas sobre garotas a cada três minutos (os 5% restantes estariam mentindo.) Todo mundo quer amor, e tem algo em *Romeu e Julieta que* chama a atenção – o amor proibido de um casal que não pode ficar junto por causa do que outras pessoas iriam dizer.

* "Meus amigos dizem que eu sou bobo de achar que você é a garota certa para mim.
Acho que sou um romântico..."

– É uma história universal – diz Dan Kanter, meu guitarrista principal e diretor musical, e provavelmente um dos caras mais legais do mundo. – Toca todo mundo.

O Dan parece um Paul Simon jovem, e toca como... como... Bem, ele toca como o Dan Kanter. Não consigo nem pensar em outra referência com a qual compará-lo. Talvez um misto da Fergie com Jesus. Ele é formado em composição e análise clássica e agora está fazendo mestrado em musicologia.

– Não é um título de prática musical – especifica ele. – É música na sociedade. Tento não pensar em teoria quando estou no palco, mas a música clássica me ensinou que a história da arte seguiu um caminho muito linear, que mudou mais recentemente: agora é fragmentado, o que me agrada muito.

Então tudo bem, né? Não sei exatamente do que ele está falando, mas obviamente o Dan é um cara muito inteligente. Acho que ele está querendo dizer que a música faz parte da vida de todo mundo, que é como uma linha do tempo. Olhando para o passado, vejo toda uma trilha sonora, com um milhão de lindas canções que tocaram nas rádios e passaram pela minha cabeça ao longo dos anos, e de vez em quando, uma delas me vem à mente quando estou fazendo algo, exatamente por ser parte de mim.

O Tom embarcou totalmente na nossa ideia e criou uma entrada muito louca para o show da turnê. Não quero ser estraga-prazeres e revelar a surpresa, mas eu vou surgir de dentro de uma fumaça e abrir o show com "Love Me". A abertura da apresentação me dá um ar de malvado.

"Vou surgir de dentro de uma fumaça e abrir o show com "Love Me". A abertura da apresentação me dá um ar de malvado."

BEAT IT

Mamãe conta que lá por volta de 1996, meu negócio era a batida da música. Acho que isso faz todo sentido. Antes de mais nada, você precisa ter ritmo. Ela adorava música pop e botava o rádio a todo volume quando estávamos no carro. Em casa, ligava o som pra ouvir Boyz II Men ou Michael Jackson. Eu batucava em qualquer objeto que estivesse à mão – potes, panelas, bacias de plástico, mesas e cadeiras – com qualquer outro objeto que estivesse acessível, como uma colher, o telefone ou minhas próprias mãos. Mamãe então me deu uma bateria de brinquedo, provavelmente para evitar que eu destruísse a casa, e eu

batucava tanto no instrumento amador que as pessoas começaram a perceber que eu estava fazendo umas batidinhas até bem legais.

Mamãe é uma pessoa muito querida por todos, e tem uma personalidade alegre e brincalhona , então sempre havia um monte de gente interessante e envolvida com arte em nossa casa. Acredito que as pessoas que gostam de arte e não têm dinheiro para sair tendem a se encontrar na casa da pessoa mais legal que conhecem. Nesses encontros, elas tocam violão e conversam sobre filosofia e coisas do tipo. Foi numa dessas casas que eu cresci. (Acabei de me dar conta de que, como minha mãe era solteira, um monte daqueles marmanjos devia estar é dando em cima dela, mas voltando: não quero pirar com isso! Não vou entrar nessa.)

Na igreja que minha mãe frequentava, os cultos sempre tinham muita música, em sua maior parte tocada por uma banda *gospel* contemporânea. Os membros da banda eram nossos amigos, e, às vezes, em alguns desses encontros, o percussionista me deixava tocar vários daqueles instrumentos barulhentos. Quando ele percebeu que eu queria tocar — e não apenas brincar —, me colocou no seu colo enquanto tocava a bateria. Depois de um tempo, ele me emprestou as baquetas e me deixou arriscar algumas levadas.

Aos quatro, cinco anos, eu conseguia escalar o banquinho e tocar bateria sozinho. Foi nessa mesma época que descobri que podia sentar ao piano e espancá-lo também.

Para grande surpresa de todos, aquilo começou a parecer música de verdade.

Então este é o momento oportuno para dizer que, se você tem um pirralho irritante em sua vida — seu irmãozinho ou alguma outra criança de quem você toma conta — que só quer fazer barulho e finge tocar música, espero que você tenha paciência com ele. Em algum momento, ele vai parar de brincar e vai passar a tocar. As crianças devem poder fazer coisas nas quais não são boas. De que outra maneira elas vão aprender?

E, nesse mesmo espírito, você deve se permitir fazer coisas nas quais não é bom. Não ligue para o que as outras pessoas pensam sobre o que você está fazendo. Ouse ser um skatista mediano, um editor de vídeo medíocre ou um golfistazinho ruim. Se fizermos apenas aquilo em que já somos bons, nunca aprenderemos nada novo. Pense em todas as grandes possibilidades que a vida oferece e que perdemos porque somos covardes demais para aproveitar, com medo do fracasso. Que se danem as pessoas negativas, que não têm nada melhor pra fazer a não ser falar mal das que têm coragem suficiente para se expor. Saia da sua zona de conforto e vá em frente! Se não tentar, nunca saberá.

Dito isso, voltemos a quando eu tinha cinco anos.

Eu estava ficando bom mesmo na bateria, e nada mal no piano. A mamãe e o Nathan McKay — um de seus amigos músicos que meus avós chamavam de "Rei Leão", por causa da sua barba grande e farta — concluíram que eu precisava de uma bateria de verdade, profissional e só minha. O Nathan e alguns amigos organizaram um pequeno evento beneficente num bar das redondezas, onde fizeram um show e recolheram doações para comprar minha primeira bateria de verdade, com direito a bumbo, surdo, caixa, chimbau e pratos. Me apaixonei! Mamãe precisaria, a partir dali, aumentar bastante o volume do som para eu poder acompanhar as músicas.

"Você deve se permitir fazer coisas nas quais não é bom."

Alguns músicos da banda da igreja iriam se apresentar numa feira naquele verão, e me convidaram para tocar bateria com eles, mas eu era tão pequeno que o apresentador não conseguiu me ver sentado à bateria, pronto pra começar a tocar. Foi algo como: — Poxa, posso ver que vocês trouxeram uma bateria, mas cadê o baterista? — Dei uma palinha para ele — pá-tum-tum-tchhh! —, e o cara se esticou para me ver lá atrás dos pratos. Aí ele vira para a plateia: — Vocês não vão acreditar nisso, não é possível! Tem um garotinho ali atrás da bateria, com o boné virado pra trás!

Continuei tocando e me aprimorando ao longo dos anos seguintes. Devia ser por volta de 2000 ou 2001, e acho que vocês imaginam o que essa época significa em termos de música:

Beyoncé.

O Destiny's Child, de Houston, Texas, explodiu e abalou o mundo com os hits "Survivor" e "Bootylicious". Naquele mesmo ano, ouvi "Fallin'", da Alicia Keys, e até hoje não me canso dessa música. O Usher mandou muito bem com "U Remind Me". A Missy Elliot gravou aquele vídeo muito doido para a música "Get Ur Freak On", e surgiu aquela regravação irada de "Lady Marmalade" nas vozes de Christina Aguilera, Lil' Kim, Mya e Pink. Além disso, o cenário musical da época incluía Outkast, Nelly, Uncle Kracker, Mary J. Blige — no geral, foi um ano muito frutífero para a música.

SENTINDO A MÚSICA

Quando eu tinha seis anos, entrei para a primeira série da escola católica Jeanne Sauvé, em Stratford. Depois das aulas, eu ia tocar bateria e ampliar minha educação musical ouvindo rádio. Também estava explorando o piano. Ainda não sabia ler partituras (mal tinha começado a ler livros!), e mamãe não tinha dinheiro para me colocar numa escola de música, mas eu sabia como queria tocar. Eu sabia reconhecer quando os acordes e a melodia não combinavam, assim como você sabe quando coloca o sapato no pé errado. Só precisava continuar tocando e experimentando até que o resultasse saísse como eu pretendia. Quando ouvia a música que tocavam na igreja, eu podia sentir aquelas harmonias pairando no ar como se fosse umidade. Não era exatamente um aprendizado: era como se a música fosse absorvida pela minha pele. Não sei como explicar de outra forma.

Quando cresci o suficiente para conseguir passar os braços em volta de um violão, comecei a me aventurar com esse instrumento também. Você precisa criar força nas mãos, e até que fique com calos nos dedos, parece que as cordas estão te cortando como navalhas. Isso provavelmente desestimula muita gente. Devem pensar: "Opa, tocar violão deve ser divertido. E parece bem fácil." Depois de uma meia hora, saem dizendo: "Ai! Isso machuca mesmo." E aí, elas se esquecem de como aquilo deveria ser algo divertido, e acabam desistindo.

O lance é que, se você persistir, se acostuma bem depressa, e passa a ficar praticando horas a fio, enquanto assiste à TV ou espera pelo jantar.

"Mamãe não tinha dinheiro para me colocar numa escola de música, mas eu sabia como queria tocar (...) era como se a música fosse absorvida pela minha pele."

SUPRA

Ou até enquanto está de castigo na sala por ter falado palavrão. Mas não vamos falar sobre isso. O negócio é que eu comecei a tocar violão porque era divertido e, com uns oito ou nove anos, passei a tocar bem.

Era legal quando meu pai era um dos caras tocando violão nas reuniõezinhas na nossa casa. Ele não é muito fã de música pop; prefere rock clássico e heavy-metal. Ele me ensinou umas músicas, como "Knockin' on Heaven's Door" e algumas do Bob Dylan, além de ter me apresentado a Aerosmith, Metallica e Guns N' Roses. Ele me fazia ouvir (e respeitar) lendas como Jimi Hendrix e Eddie Van Halen. Papai me ensinou a tocar "Smoke on the Water", do Deep Purple, e ainda me lembro dos acordes. (Legal mesmo é ouvir o Dan Kanter mandando ver nessa música comigo.)

Para tocar metal ou até mesmo bandas de hard rock e *glam* estilo anos 1980, como Journey e Twisted Sister, é necessário saber o que chamam de "power chords", e papai me ensinou alguns truques nessa área também. Ele me mostrou como fazer pestana, que é quando você aperta forte seu dedo indicador sobre todas as cordas do violão ao mesmo tempo, o que acaba subindo timidamente os acordes no braço do violão. Essencialmente, você toca os mesmos acordes, mas alterando o tom da música para adequá-la à sua voz. Se você conhece a forma básica de cinco ou seis pestanas, consegue tocar praticamente qualquer canção do universo. Pegue a letra na internet, escute as mudanças e progressões cinco ou seis vezes, e pronto. Você se tornou o Green Day. No seu quarto, quero dizer.

ROCKIN' ROBIN

No meu quarto à noite, eu imaginava tocar no Metallica e no Matchbox 20, mas na escola, durante o dia, era apenas eu mesmo. Ninguém no colégio sabia dessa parte da minha vida. Como todos os meus amigos, eu era um amante de hockey, e gostava que fosse dessa forma. Eu já me sentia meio diferente, porque a Jeanne Sauvé é uma escola bilíngue, em que só falávamos francês. É isso mesmo. Só se fala francês. Não falam inglês de forma alguma. O objetivo é aprender a falar francês enquanto se aprende a somar e a subtrair, além de todas aquelas outras coisas que são ensinadas numa escola normal.

Tinha um monte de amigos nesse colégio, mas, quando estava com sete ou oito anos, comecei a jogar na liga de hockey local com uns alunos de uma escola pública normal que falava apenas inglês. Eu não queria que eles pensassem que eu era um nerdzinho da música além de ser o nerdzinho do francês (mas é claro que hoje fico feliz por saber francês, até porque, sejamos sinceros, as meninas adoram quando um garoto fala francês. Elas falam que é a "língua do amor", e isso não é nenhuma coincidência. Além do mais, adoro meus fãs franceses! *Très jolie!*)

Meus melhores amigos, desde aquela época, são meus companheiros de hockey, especialmente o Chaz Somers e o Ryan Butler. Cara, como a gente se divertia naquele tempo!

Não éramos crianças ruins, de forma alguma, mas muitas vezes saíamos do controle. Íamos para o porão da casa dos meus avós para assistir TV, e no

final estávamos jogando *kickball* com as almofadas do sofá ou correndo de um lado pro outro arriscando um futebol, ou até mesmo nos estrangulando com golpes profissionais de luta-livre. Nunca causamos nenhuma grande destruição, só pequenas fatalidades. Algumas lâmpadas sofreram. E, entre os troféus de caça do vovô, há uma raposa empalhada que misteriosamente perdeu uma perna.

– Garotos, vocês sabem o que aconteceu aqui? – perguntou vovô.

– Não, não senhor. Não fomos nós – respondíamos, encarando-o com nosso melhor olhar inocente.

Certa vez fugimos de bicicleta às duas da madrugada. A polícia nos apanhou e nos levou de volta pra casa. Mamãe ficou muito irritada, e fiquei de castigo por algumas semanas, mas isso me deu tempo para trabalhar nas pestanas e em uns dois riffs de guitarra, além de ter aprendido umas músicas novas.

Chamamos o Ryan de "Butsy" – e ele provavelmente não gosta muito disso, mas desculpa aí, cara! Quando você tem "*butt*" – "bunda" – no nome, como pode esperar que as pessoas não tirem sarro? Falar de bundas é engraçado para crianças de nove anos. Na verdade, para pessoas de qualquer idade. Há coisas que estão além de nosso controle, como nossos nomes. Outras coisas – como confessar que você de vez em quando imita o Michael Jackson em frente ao espelho do banheiro, cantando "Rockin' Robin", com um secador nas mãos – você pode, e provavelmente deve, guardar pra você.

Não que eu já tenha feito isso... muitas vezes.

Ok, eu fiz, sim, mas, em minha defesa, devo dizer que "Rockin' Robin" é um clássico, e eu estava apenas brincando. Não estava ensaiando nem nada assim. Pelo menos não era essa a intenção. Naquela época, nem sonhava em me tornar um pop star. Sonhava mesmo era em me tornar uma estrela do hockey…

CAPÍTULO 3

A ESTRELA DE STRATFORD

A Jamaica Craft, nossa fantástica coreógrafa, desenvolveu seu talento nas ruas. Nunca teve aulas de dança formais. Apenas dançava da forma como sentia que devia dançar, e as pessoas passaram a gostar. Pessoas bem influentes no meio. Ela começou a dançar profissionalmente há uns dez anos, e, alguns anos depois, artistas começaram a procurá-la, pedindo, por exemplo, que ela aprimorasse passos de uma coreografia. Fantástico! Todos os movimentos que a Jamaica faz parecem dança. Até quando ela está parada, conversando com alguém, suas unhas pintadas de um verde-limão muito louco parecem estar dançando. Se você lhe pergunta como ela faz isso, Jamaica apenas dá de ombros e responde:

– Apenas escute o som. Ele vai lhe dizer o que fazer.

No dia em que conheci Jamaica, ela fraturou o pé, sem nem saber como. Ela estava parada, conversando com o Scooter, quando pow!, teve de ficar de licença por 12 semanas. Nas instalações do show, ela me prepara para ensaiar os movimentos do voo (foi mal estragar a surpresa!) junto com o Nick e o Mike, dois de meus dançarinos.

– Os dançarinos são atletas – ressalta Jamaica. – Não somos mimados como os atletas são. Não temos massagista algum. Vocês não farão nenhum tratamento de *spa* depois do show. Mas podem acabar machucados como os atletas se machucam. Precisam se cuidar e cuidar dos colegas.

Totalmente cientes disso, temos ensaiado para o show por 12 horas diárias. Há muitos procedimentos de segurança. A coreografia exige que eu fique pendurado em cabos, girando de cima para baixo, a cerca de dez

"Fazer um show envolve muito trabalho pesado."

metros de altura. Tenho tentado me sentir confortável tanto com a coreografia quanto com a apresentação em si — onde e o que fazer em determinado lugar do palco. Fazer um show envolve muito trabalho pesado. Fico no palco por 75 minutos, e isso não é nada fácil. Faço muitos exercícios de resistência para me preparar, mas ao final do show estou um bagaço. Em 75 minutos, faço de tudo, e nunca fica chato. Ensaiamos cada transição e intervalo para que a plateia não fique entediada nem por um segundo. Há mais de quinhentas pessoas trabalhando para garantir que o show saia perfeito.

O Nick, o Mike e eu vestimos uma roupa cheia de cabos que nos permite voar. A Jamaica dá um tapa na bunda de cada um e diz "Arrasem!". O volume da música aumenta na mesa de som. Vou subindo, subindo, subindo até que fico apenas três metros abaixo dos canhões de luz. É tão alto que nem me arrisco a olhar pra baixo. Sinto que algo está errado. Quando vou dar meu giro, os cabos não estão onde deveriam estar.

– Ei, pessoal! Ei! Alguém aí!

A música está alta demais. Ninguém me escuta.

– Pessoal! Tem alguma coisa errada aqui!

O Nick e o Mike estão fazendo os movimentos deles, com os pés no ar, sem nem olhar pra mim. Aceno com os braços, na esperança de que alguém perceba que é um sinal de "Quero descer! Agora!". A música para.

– Tudo bem aí? – pergunta Jamaica.

– Não, estou quase morrendo. Me coloca no chão.

Meu coração ainda está acelerado quando eu piso no chão. Caramba! Que susto... Eu poderia ter me dado muito mal. Minha mãe está de um lado para o outro na pista, com aquela cara de preocupação materna.

– O que aconteceu? Algum problema nos cabos de segurança?

– Ele está bem. – responde Jamaica para mamãe. Ela pousa uma mão na minha nuca e repete: – Você está bem. Estava firme, não ia cair. Acontece que parte dos cabos se embolou com o kit do microfone, então estavam numa posição não muito confortável.

– Tudo bem – comento, tentando relaxar, mas peço um intervalo de cinco minutos para me recompor.

– Não há por que se desesperar – afirma ela, calmamente, desconectando os cabos. – É normal seu coração acelerar durante a dança, mas…

– Não a esse ponto.

– Isso, não a esse ponto. Mas você está bem.

– Caraca! – murmuro, ao sair do palco. – E eu achando que hockey era perigoso...

MINHA "FAVORITE GIRL"

Nunca nada fez meu coração pulsar mais que o hockey. Quer dizer, nada a não ser a Beyoncé, mas isso foi só depois dos meus 12 anos. Nessa idade, foi como se, de repente, eu abrisse os olhos e percebesse que o mundo estava cheio de gatinhas, e, desde então, tenho dificuldade para pensar em outra coisa.

Quando fiz 12 anos, saí da escola bilíngue e fui para a Northwestern, uma escola pública em Stratford. Chaz, Ryan e eu fomos transferidos da liga de hockey local para a intermunicipal, e o vovô costumava me acompanhar no ônibus para os jogos externos. Íamos para os jogos e dávamos nosso sangue, e no caminho de volta era aquela empolgação e bagunça por causa da vitória ou então um esgotamento e desânimo total — com direito a brigas entre nós — pela derrota.

"De repente percebi que o mundo estava cheio de gatinhas."

Os jogadores sentavam na parte de trás do ônibus, e os pais na parte da frente, para que não se metessem no que acontecia lá atrás. E claro que rolava todo aquele papo de meninos. Todos estávamos completamente fascinados pelas garotas, impressionados com as mudanças que aconteciam conosco e, mais importante, impressionados com as mudanças que aconteciam com elas. E é claro que éramos um bando de idiotas que não tinha a menor ideia do que fazer com todas aquelas mudanças.

Eu tinha a meu favor o fato de ter vivido rodeado de mulheres durante toda a minha vida. Mamãe e eu sempre conversamos abertamente sobre tudo, então talvez eu entendesse um pouquinho mais sobre o funcionamento das meninas do que a maioria dos garotos. Não tinha medo de conversar com as meninas, de estar com elas, olhar para elas e, bem, paquerá-las – mas também tinha certa noção de quando não devia fazer nada disso.

Alguns caras acabavam magoando as meninas ou tirando-as do sério, porque ficavam o tempo todo tentando parecer legais. Não era meu caso. Minha mãe martelou na minha cabeça a diferença entre ser confiante e ser convencido. Sempre tentei ser mais confiante, mas às vezes acabava na segunda opção. Talvez tenha parecido convencido em alguns momentos, mas eu tentava amenizar isso sendo um cara legal. Grande parte do sucesso com o sexo oposto nasce da seguinte regra: não seja um idiota. Não finja se importar com os sentimentos de uma garota se você na verdade não se importa – aliás, não apenas em relação a garotas, mas a todo mundo.

“Grande parte do sucesso com o sexo oposto nasce da seguinte regra: não seja um idiota.”

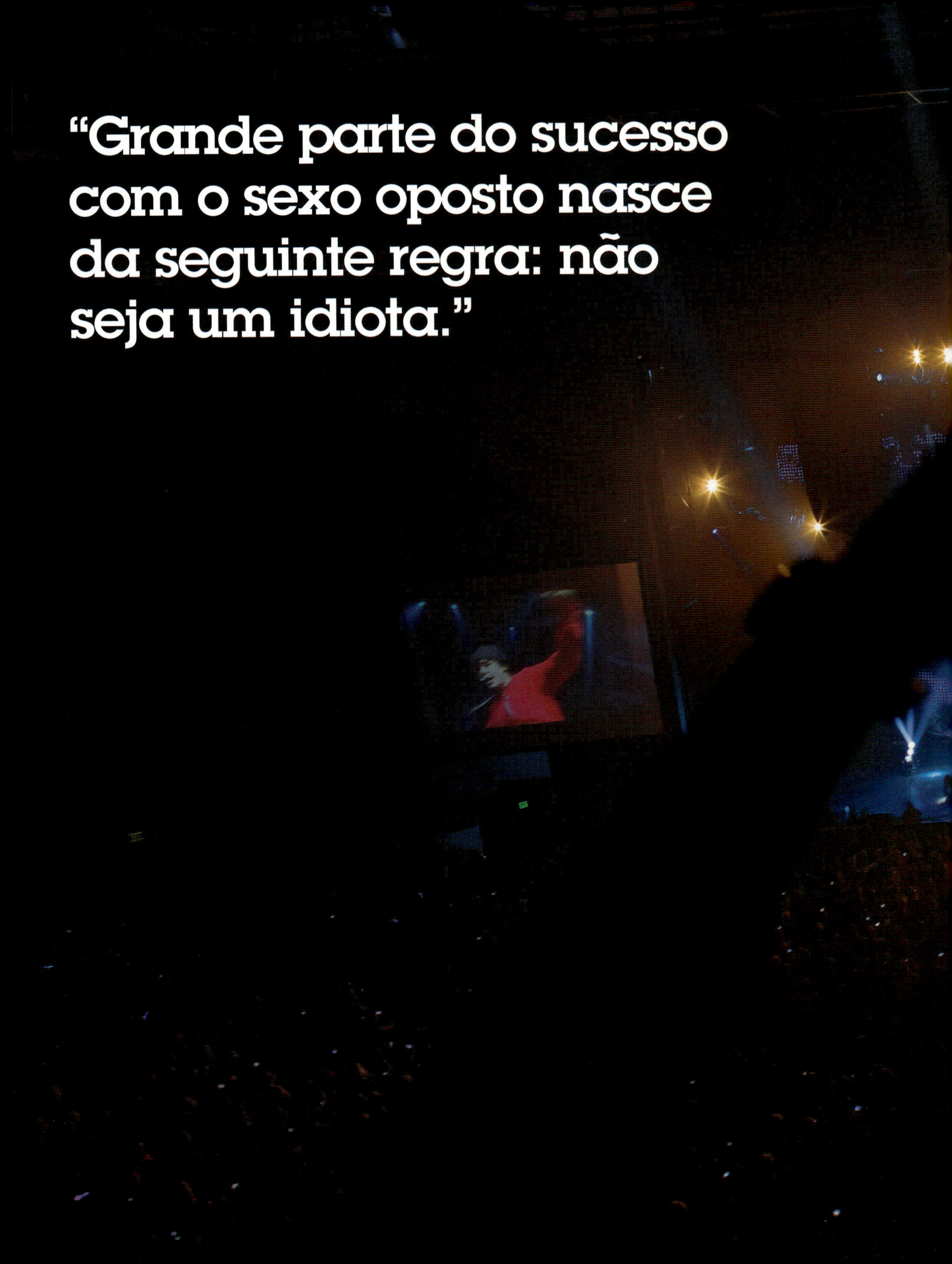

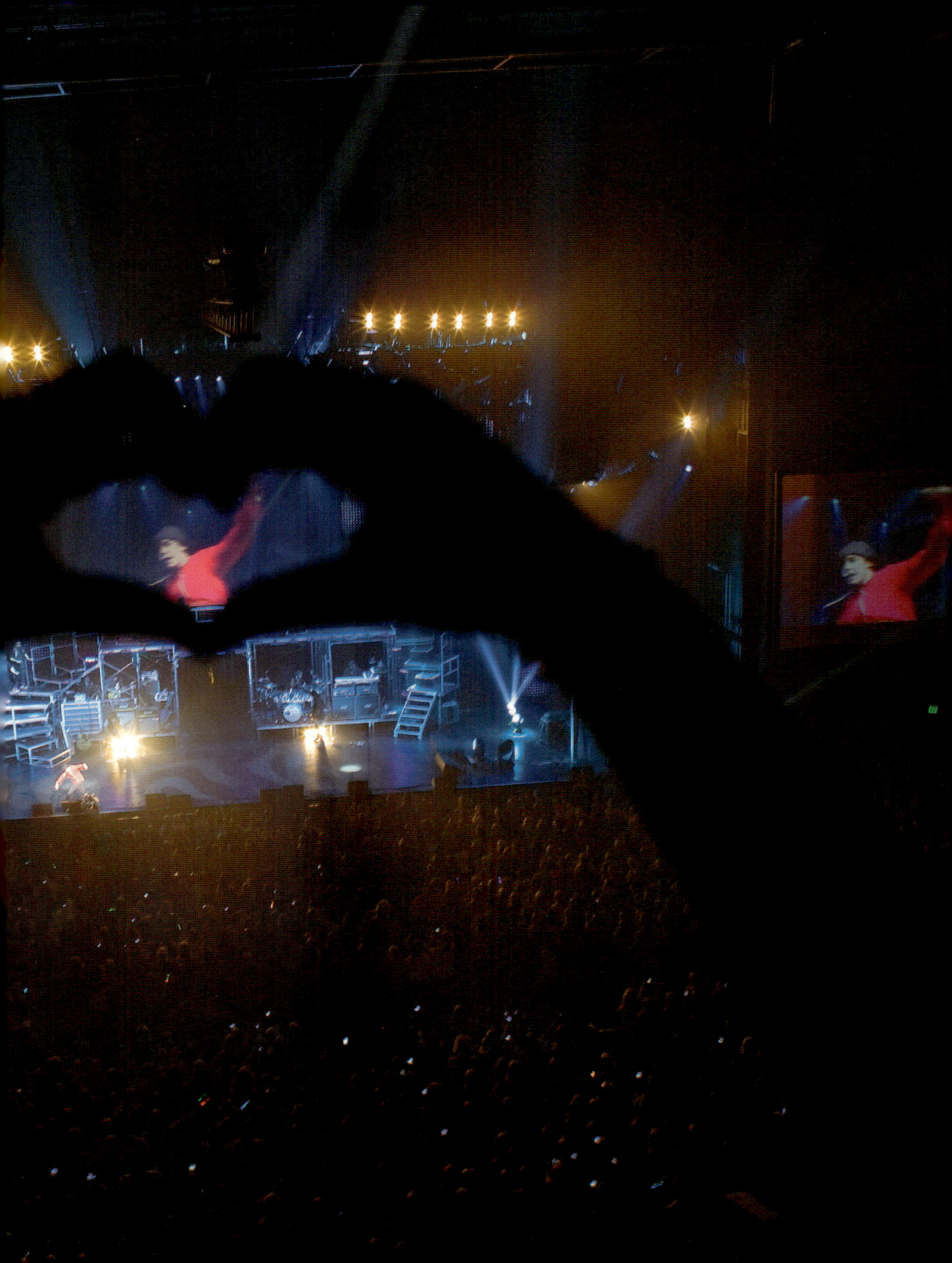

No clipe de "One Less Lonely Girl" — em que me diverti bastante durante a gravação, porque escalaram uma menina linda de 16 anos para contracenar comigo —, o roteiro é o seguinte: uma menina esquece alguma coisa na lavanderia (calma, é só um cachecol) e eu armo uma caça ao tesouro para devolver a peça. Alguém já disse que esse clipe é "o equivalente musical de um filme para mulherzinha", e eu não saquei imediatamente que esse era um comentário irônico. Criticaram a parte em que aparecem uns filhotinhos de cachorro num pet shop, e eu fiquei pensando: "Como assim? Quem é que não gosta de filhotinhos de cachorro? E, pior ainda, quem acha que vai se tornar mais atraente para as garotas fingindo não gostar de bichinhos?" Também acharam a letra piegas.

I'm gonna put you first.
I'll show you what you're worth... *

Estou definitivamente aberto a sugestões. Talvez possamos mudar a letra para:

I'll put Xbox first.
I'll make you feel like dirt... **

Claro, isso faz muito mais sentido: eu é que estou errado, e o que realmente atrai uma garota é um cara que odeia cachorrinhos e não liga para os sentimentos dela. Talvez se eu seguir essa receita eu consiga um dia atingir o nível de sucesso desse crítico com as meninas. Ah, calma aí, claro, eu não sou um velho ranzinza.

Prosseguindo...

* "O Xbox será a minha prioridade
Vou lhe mostrar seu valor..."

** "Você será minha prioridade.
Vou te tratar como lixo ..."

"Eu corria mais
rápido e era mais
esperto no jogo."

QUERO INOVAR

Durante o ensino fundamental, muitas garotas da minha sala eram mais altas do que eu. A última coisa que eu queria fazer era dar a elas mais um motivo para não ficarem comigo, então me pareceu uma boa ideia ser um cara legal. Também decidi deixar a música um pouco de lado e fortalecer algo que eu sabia que me daria uma boa imagem: esportes.

Os garotos não são nem de longe tão dramáticos quanto as garotas nessa idade, mas quando temos esses momentos, pode esperar que vai rolar briga. Algumas pessoas têm a necessidade de se sentir grandes, e a única maneira que têm de satisfazer isso é pegando no pé de alguém menor. Para o azar dos brigões, meu pai é um ex-lutador profissional que costumava me levar para as suas aulas de luta. Não demorou muito para eu ganhar fama de quem não leva desaforo pra casa, apesar de terem tentado. Acho que desde cedo aprendi que, embora fosse menor, não deveria ligar pra isso ou permitir que essa característica me impedisse de realizar algo que eu sabia ser capaz. Não tinha nada a provar a esse tipo de pessoa, assim como nada tenho a provar a quem tenta me colocar pra baixo. Não sou um lutador por natureza, mas, se acredito em algo, luto por isso. Se alguém falasse mal dos meus amigos ou da minha mãe, eu mostrava pra eles que isso não era nada legal. Se alguém me empurrasse, eu empurrava de volta com mais força ainda.

Uma vez, organizaram uma briga sinistra fora do colégio. Não me lembro do motivo da briga nem como fui parar dentro dela, mas um monte de gente estava envolvida. Várias pessoas estavam fotografando e gravando vídeos com o celular, e depois postaram esses vídeos no YouTube, sei lá por quê. Acho que nunca imaginaram que os professores poderiam assistir. Esse é o problema quando você posta um vídeo no YouTube: nunca se sabe quem estará do outro lado da tela. Pode ser bom ou ruim, dependendo da situação.

Enfim, ninguém saiu seriamente ferido, mas rolaram uns arranhões e hematomas, e o vídeo parecia uma performance ao vivo de Mortal Kombat, o que achamos muito legal... até que a diretoria do colégio se irritou com a situação e começou a punir os alunos que não assumissem que tinham participado da briga, uma vez que, oops, lá estavam eles no vídeo. (Aprenda essa lição e aplique-a ao seu próprio caso da forma que achar mais conveniente.)

Em geral, os canadenses são um povo brigão, mas eu nunca fui de me meter muito em brigas. Papai sempre dizia que ele tinha brigado o suficiente por nós dois na época dele de moleque. Eu preferia competir no basquete, ou fazer picadinho do time adversário com meu talento no hockey. Eu era muito mais baixo que a maioria dos caras da liga de hockey, e definitivamente não poderia ocupar a posição de centroavante no time de basquete, mas mesmo assim, eu me destacava. Sabia que nunca seria tão alto quanto aqueles caras, mas eu corria mais rápido e era mais esperto no jogo. Tentava patinar em círculos ao redor deles ou roubar a bola de basquete passando por baixo deles. Isso é outra coisa que o vovô sempre me dizia e que você provavelmente pode aplicar à sua própria vida: "Aproveite ao máximo o que você tem."

Enfim, eu tentava não me envolver quando acontecia alguma confusão na escola. Eu mesmo já arranjava outras confusões, mas nada grave. Era o palhaço da turma, resumindo. Fora do colégio, me exibia com meu skate, jogava umas peladas ou zoava com o Chaz e o Ryan, e era difícil sair desse espírito nas aulas. Sou um cara cheio de energia; se tinha algum problema na escola, nunca era por fazer maldade. Era por rir demais. Ou por fazer os outros rirem. Ou por dançar nos corredores, batucar na minha carteira, cochichar na biblioteca. Em outras palavras, eu arranjava problemas por ser eu mesmo, o que não me parecia muito justo.

"Vovô sempre me dizia... 'Aproveite ao máximo o que você tem.'"

Certa vez me mandaram para a sala do diretor por fazer palhaçadas. Caminhei em direção ao gabinete dele, mas então decidi continuar andando. Tchau, otários! Saí pela porta, fui pra rua, atravessei a cidade e fui direto para a casa de meus avós. Achava que eles seriam solidários comigo. Me ferrei. O vovô ficou espantado e nada contente quando me encontrou na sala, de pernas pro ar, vendo TV. Ele me colocou no carro e me levou de volta pra escola, e lá tive de encarar o diretor, que queria saber onde eu estive durante uma hora e meia, quando deveria estar estudando. À tarde, quando a mamãe chegou do trabalho, o colégio ligou pra ela e me dedurou, e foi tempo o suficiente pra ela bolar um plano maléfico e ensaiar a bronca que me daria. Fiquei de castigo de novo. Passei duas semanas sentado no meu quarto praticando as pestanas.

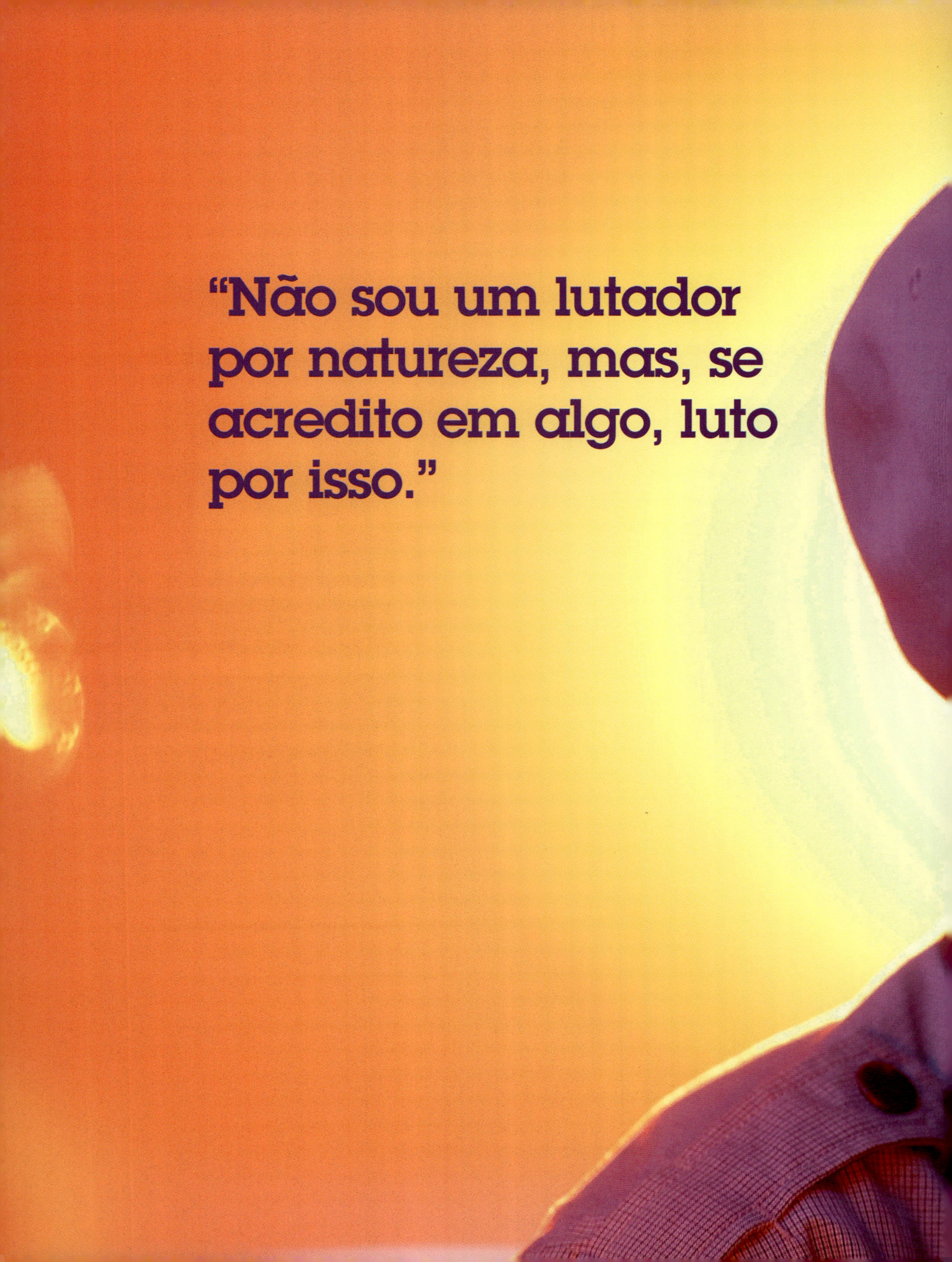

"Não sou um lutador por natureza, mas, se acredito em algo, luto por isso."

CARA, VOCÊ É MUITO BOM

Na minha família, ninguém passa a mão na minha cabeça quando estou errado, mas sempre me apoiam quando faço a coisa certa. Não me lembro de ter jogado uma única partida de basquete que não tivesse pelo menos uma pessoa na arquibancada que me amasse. Quando me lembro do hockey, como jogador ou torcedor, sempre vem à minha mente como meu avô dividia aqueles momentos comigo. Minha família e meus melhores amigos nunca me deixaram na mão, então eu sabia que teria pelo menos alguns rostos conhecidos na plateia quando decidi me inscrever num concurso de talentos local organizado pelo Stratford Youth Centre, em janeiro de 2007.

As poucas pessoas que me ouviram tocando insistiam:

– Cara, você é muito bom! Deveria se inscrever no *American Idol.*

Só que a idade mínima para participar desse programa era 16 anos – que era também a idade mínima para se tirar carteira de motorista no Canadá. Para um moleque de 12 anos, isso era uma eternidade, então nunca pensei muito no programa. O concurso Estrela de Stratford era basicamente a mesma ideia, mas numa escala menor: competidores jovens, de 12 a 18 anos, passando por eliminatórias. A inscrição custava só dois dólares. Em vez de ter jurados como Randy Jackson, Simon Cowell e Paula Abdul, o concurso era julgado por pessoas envolvidas na cena musical da comunidade: eram

“A ideia de subir no palco não me deixou nervoso... minha mãe ficou mais nervosa do que eu.”

os diretores do coral da igreja, professores de escola etc. No lugar de um apresentador como Ryan Seacrest, tinha uma menina simpática que organizava os cursos de música de verão. O vencedor ganhava um microfone que você podia ligar no computador para gravar, além de sessões de gravação em um estúdio local.

Achei o prêmio bacana, mas eu estava mais animado com a ideia de me apresentar na frente das pessoas e saber como me sentiria lá. A ideia de subir no palco não me deixou nervoso, porque estava acostumado a jogar basquete e hockey na frente de multidões muito maiores do que aquela. Mas aquela seria a primeira vez que eu cantava em público. Pensando bem, por que eu deveria ter medo? Os poucos que me conheciam me amavam, e o restante da plateia era de desconhecidos; então, se eu cantasse mal eu nunca precisaria vê-los novamente. Acho que minha mãe ficou mais nervosa do que eu, embora tivéssemos combinado que aquilo

seria puramente por diversão. Ela me ajudou a decidir o que vestir e cuidou pra que eu não me esquecesse de levar a música que iria tocar, além de outros detalhes.

Na primeira fase, vesti um suéter marrom enorme e calça jeans, e cantei "3 AM", do Matchbox 20. A garota me apresentou, e ouvi uns aplausos tímidos e formais quando subi ao palco.

– E aí, galera! – exclamei, tentando puxar umas palmas na entrada da música. Mamãe e vovô sorriam de orelha a orelha, batendo palmas, mas a maior parte da plateia apenas olhava entediada.

Então... comecei a cantar.

A partir daí eles se animaram um pouco. Vi algumas cabeças balançando, como se estivessem pensando: "Opa, esse garotinho não é nada mau." Ao final, estavam surpresos por ver que aquele menino de suéter enorme sabia cantar muito bem, e então os aplausos ficaram mais empolgados. Foi a primeira vez em que uma plateia de um evento musical torceu por mim, e me senti superbem. Passei para a próxima fase.

Decidi me produzir um pouco mais para a etapa seguinte. Mamãe passou uma camisa social azul e me ajudou a dar nó numa gravata azul vibrante, que era de tamanho adulto, portanto grande demais para mim. Decidi cantar "Fallin'", da Alicia Keys — que eu costumava cantar no banho. Quando apareci no palco, o pessoal se lembrou de mim da semana anterior. Eles ficaram ainda mais surpresos, e me aplaudiram mais do que antes! Me senti mais do que bem. Me senti meio... elétrico.

Já na próxima fase, concluí que devia simplesmente ser eu mesmo, então vesti as roupas que já usava na escola e um boné de beisebol. Escolhi cantar a versão de Aretha Franklin para "Respect". As pessoas já sabiam quem eu era. A apresentadora já dizia: – Vamos dar uma moral pro Justin Bieber –, e choviam gritos animados e estridentes do fundo do auditório.

Um grupo de garotas. Lindas. Gritando. Por mim.

Caramba!

Subi ao palco e cantei a toda com a minha voz de garoto do oitavo ano, acreditando que aquele era, provavelmente, o melhor momento da minha vida — da vida de qualquer um –, melhor que hockey, que *Guerra nas estrelas*, que o peru com molho da vovó. Algumas pessoas lá da frente torceram o nariz, mas as meninas do fundo entraram no clima, se balançando e batendo palmas. Eu estava sentindo aquela energia maravilhosa e, na hora do solo da música, resolvi teatralizar: "toquei" um saxofone no ar. Fiquei tão envolvido com a brincadeira que deixei o microfone cair, o que fez um barulhão — ok, sem problemas —, e o apanhei de volta na hora exata de cantar o próximo verso.

Fui aprovadíssimo numa performance animal de blues (acho que a Aretha ficaria orgulhosa de mim), e recebi muitos aplausos, além de mais gritos histéricos daquelas garotas. Então dei aquele clássico soco no ar, no estilo Michael Jordan. Os candidatos mais velhos faziam aula de canto há anos e também eram muito bons, mas... caraca! As garotas estavam gritando por mim!

"Subi ao palco e cantei a toda com a minha voz de garoto do oitavo ano"

Cheguei à final do concurso, apesar de eu ser um dos mais novos. Na noite da final, depois de todos terem se apresentado, uma das juradas conduziu os três finalistas ao palco. A primeira era uma loira linda e alta que fazia altos malabarismos com a voz e cantava muito bem. Depois uma morena linda e mais alta, que cantava ainda melhor. Por último, eu. O moleque de 12 anos de calça larga . Mas só de estar cercado de lindas garotas, ganhando ou perdendo, eu não iria reclamar. Eu estava satisfeito com a minha performance, mas não estava nada convencido. Não achei que fosse ganhar, mas queria muito. Coloquei as mãos dentro dos bolsos, tentando parecer que não estava ligando muito para o resultado. No entanto, por dentro estava rezando para que a jurada dissesse meu nome.

– Antes de tudo, queria dizer que todos vocês são vencedores – afirmou a jurada.

"Só de estar cercado de gatas, ganhando ou perdendo, eu não iria reclamar."

justinbieber todo dia fico sabendo qts de vcs se conheceram por minha causa, e como isso td começou. a música aproxima a gente, e é disso que mais me orgulho

19h17, 17 de junho, via web

Ótimo. Agora, por favor, diga o meu nome.

– É preciso ter coragem pra subir no palco e mostrar um talento como o de vocês... A música é importante, então continuem cantando, independente do que acontecer.

Ok, entendi. Por favor, diga o meu nome. Por favor, diga o meu nome. Por favor, diga o meu...

– Nossa Estrela de Stratford deste ano é...

Ela disse o nome de uma das meninas.

A galera aplaudiu. Um pedacinho do meu coração caiu e saiu rolando pra baixo do piano.

Fiquei em terceiro lugar entre, humm... quantos finalistas eram mesmo? Deixa eu ver, acho que eram... três. Até ali, a única pessoa que eles tinham anunciado era a vencedora, e por um momento tive a impressão de que venceria o segundo lugar, o que seria um pouco menos humilhante. Mas não... Depois que meu primeiro disco estourou, uma pessoa que trabalhou no concurso contou a uma repórter que eu realmente fiquei em terceiro lugar.

“O pessoal da turnê diz que sou perfeccionista.”

— Ele definitivamente tinha potencial e carisma. Só não tinha experiência. Pensamos: daqui a uns dois anos, com umas aulas de canto, ele vai deslanchar... — Foi o depoimento dela ao jornal.

É óbvio que estou bem feliz com o rumo que as coisas acabaram tomando. No entanto, fiquei arrasado na época. Não conseguia entender. Senti algo tão bom — e passei por uma experiência fantástica — e perdi? Não vou nem fingir que não me importei. Eu queria ganhar. Se você não quer vencer uma competição, pra que se inscrever? Sei que isso pode parecer radical, mas eu sou tão competitivo que às vezes sou muito duro comigo mesmo. O pessoal da turnê diz que sou perfeccionista. Mas naquela época eu já era grandinho o suficiente pra saber que é necessário estar preparado para perder. Aplaudi. Sorri. Dei parabéns à ganhadora. Agradeci aos jurados. A mamãe e meus avós ficaram orgulhosos da minha postura. Isto é algo que você aprende com o esporte: você quer vencer. Dá seu sangue por isso. Se der certo, ótimo! Ganhar é maravilhoso. Se der errado, é uma pena, você tem todo o direito de ficar triste, mas tem que engolir, ser maduro e parabenizar o time adversário.

Então parabéns àquelas duas meninas que me venceram no concurso Estrela de Stratford. Mandaram bem, moças!

Enquanto planejávamos o show da turnê, o Dan Kanter disse:

‘Tenho uma visão aérea da música: a introdução , os versos, o refrão.

Depois olho para o show de cima também. O repertório, o clímax de um solo de guitarra. Montar um repertório é uma arte. Quando vou a um show, nunca procuro a lista das músicas na internet. Quero ser surpreendido. É uma pena que, com o YouTube, os fãs fiquem sabendo de tudo com muita antecedência. É claro que ainda vão ficar empolgados, mas queria que o show fosse uma revelação total.'

No palco, por outro lado, ninguém quer surpresas. Queremos que tudo saia perfeito, de acordo com o planejado. Na vida normal, recebemos a revelação total. Tudo é surpresa. E é isso que a torna muito mais interessante, embora algumas surpresas sejam ruins. A Bíblia diz que todas as coisas contribuem para o bem daqueles que amam a Deus, mas, às vezes, parece que não funciona bem assim. São momentos em que você pensa: "Pô, Deus! Está a maior confusão aqui. Dá pra você prestar atenção na gente aqui embaixo?" Talvez a fé seja a capacidade de relaxar e confiar que tem alguém lá em cima que "escolheu bem as músicas". Talvez, quando a pessoa aceitar tudo o que acontece na vida, a revelação finalmente aconteça... aí até os momentos ruins podem vir a se tornar bênçãos.

Depois do resultado do concurso, minha mãe e meus avós me levaram para o Scoopers Ice Cream para tomar sorvete.

– Você pode perder sem se sentir um perdedor. Se você aprender com a experiência, já estará mais maduro do que antes – afirmou meu avô.

– Estamos tão orgulhosos de você – disse vovó. – E lembre-se: você fez isso pela diversão. E se divertiu, não foi?

– É... – Eu tinha de admitir – me diverti pacas! Aquela foi, de fato, uma experiência incrivelmente divertida, e eu faria tudo de novo, naquele ou em outro concurso. Talvez até no *American Idol*, mais tarde. Em mil anos, quando eu tivesse carteira de motorista. E talvez uma barba, como o Nathan, o Rei Leão...

– Além do mais, você foi convidado para cantar no evento beneficente sobre autismo – lançou mamãe. – E aí, animado?

– Estou. Mais ou menos. Vou ficar mais animado quando estiver mais perto – respondi, tentando não soar tão derrotado.

Mamãe me deu um abraço forte.

– Você se saiu muito bem, Justin. Queria que todo mundo estivesse lá; nossa família, nossos amigos da igreja... Mas eu gravei uns vídeos bem legais e vou postar tudo no YouTube, pra todo mundo ver como a sua apresentação foi maravilhosa.

CAPÍTULO 4

YouTube: MEU PRIMEIRO MILHÃO

Embaixo do palco, jaz toda uma cidade de barras de aço, cabos, equipamentos, contêineres sobre rodas e cortinas de lona. Parte do palco sobe e desce, e elevadores me erguem para que eu possa fazer uma entrada triunfal. Descendo pelos lados do palco, há rampas que eu e os dançarinos usamos para fazer nossas saídas. Elas nos conduzem a um corredorzinho feito de cortinas e iluminado por lâmpadas frias. Todo o figurino fica pendurado em araras, arrumado cuidadosamente por pessoa e ordem de apresentação.

Depois do intervalo para o almoço e de uma partida de pingue-pongue rápida com a equipe, começamos a segunda rodada de ensaios para o show. O ensaio da manhã foi dedicado a resolver os últimos probleminhas técnicos. Não houve estresse dessa vez, passamos por tudo sem problemas.

O Ryan Good, meu *stylist* e parceirão, toma conta de tudo. Quando saio do palco, ele me ajuda a fazer uma mudança rápida para a próxima música. O negócio é frenético — eu e todos os dançarinos trocando de roupa em ritmo acelerado. Quando tiramos aquelas camisas e sapatos suados, fede muito! Os garotos vão entender o que eu estou falando.

Além das trocas de figurino, precisamos treinar o tempo entre uma música e outra e sincronizar a voz com os efeitos de vídeo. Ou seja: tenho de falar algo, mas sempre algo diferente em cada show. Então, no ensaio geral, preciso dizer qualquer coisa que venha à minha mente, e normalmente o que vem é um monte de bobeira e brincadeiras com o pessoal:

'E aí, galera, como vocês estão? Ryan, você está bem hoje. Foi aquele xampu que você usou ontem à noite?'

– Vídeo rolando por 45... 40... – grita uma voz em algum lugar no escuro do estádio.

– Cara, você tem uns cachinhos dourados lindos. NOSSA!

O pessoal fora do palco dá gargalhadas, e os assistentes de palco contrarregras, que estavam zanzando, também caem na pilha. Acho que eu poderia até ensaiar o que vou dizer em cada show, mas não quero que o resultado soe artificial. Prefiro olhar para os rostos da plateia e lhes dizer o que vier à minha cabeça na hora. Por mais cuidadoso que a gente seja com todos os detalhes, esse contato com os fãs não pode nem deve ser ensaiado. Não sei quem é meu público nem o que vai acontecer, mas sei que a conexão precisa ser pessoal, e não tenho medo de me manter aberto às possibilidades.

Eis outra pergunta que me fazem o tempo todo:

'Você fica nervoso?'

A verdade é que não fico. Não quero parecer convencido, mas não entendo por que ter medo. Não é que eu nunca tenha errado. Pô, nós erramos o tempo todo, faz parte da vida. Você se recompõe e segue em frente. Não vai ser o fim do mundo se eu tocar o acorde errado de guitarra ou errar a letra da música. Sou meio perfeccionista, trabalho duro para que tudo dê certo, mas o improviso faz parte. Conheço alguém que estava fazendo um show num parque e um passarinho fez cocô em sua cabeça no meio do hino "Amazing Grace". Isso é *showbiz*.

Eu mesmo já fiz esse tipo de apresentação beneficiente, na rua, em um parque, no metrô, ou, nesse caso, na escadaria de frente do Avon Theatre...

CANTANDO NA CALÇADA

Certo dia eu queria ir jogar golfe com meus amigos, mas estava sem grana. Depois da competição Estrela de Stratford, fiquei animado pra cantar na frente das pessoas, então decidi que cantar de improviso para conseguir uns trocados não seria uma má ideia. Durante a temporada turística, em meio ao Stratford Shakespeare Festival, muita gente vinha de longe para assistir às peças. Os ônibus estacionavam em frente ao teatro, e centenas de pessoas passeavam por ali antes de irem fazer compras ou visitarem os cafés e galerias de arte locais.

Era o lugar perfeito, com um monte de gente passando. E com sombra, se eu fosse lá na hora certa do dia. Sabia de cor a letra de várias músicas e não precisava de acompanhamento musical. Podia eu mesmo tocar o violão. Mamãe não sabia qual seria a reação das pessoas, então não queria que eu ficasse lá sozinho. Tentei argumentar que estaria em casa à noitinha, mas ela insistiu que o vovô ficasse me vigiando de dentro do carro, do outro lado da rua.

Da primeira vez em que parei nos degraus, deixei o estojo do meu violão aberto, na esperança de que as pessoas fossem boazinhas e me

doassem uns vinte dólares. Depois de apenas umas duas horas, eu já tinha faturado quase duzentos dólares. Parecia que eu havia descoberto uma mina de ouro. Quando cheguei em casa e contei a boa-nova à minha mãe, ela ficou embasbacada e começou a falar sobre responsabilidade e em colocar o dinheiro em uma conta universitária... Mas eu tive outra ideia.

– Mãe, a gente pode ir pra Disney.

Ela fez as contas por um minuto e determinou:

– Podemos mesmo. Nesse ritmo, até o fim do verão, mesmo que você aplique boa parte do dinheiro numa poupança, vai juntar o suficiente para comprar as passagens de avião.

Era um bom plano. Eu e mamãe nunca havíamos viajado de férias para outro lugar que não fosse o chalé do clube de caça e pesca no Star Lake com meus avós. Para nós, ir à Disney era uma possibilidade tão remota quanto ganhar na loteria. Descobrir que eu poderia tornar isso possível simplesmente cantando – algo que eu fazia há anos só por diversão – era muito legal. Mamãe estava feliz por ver as pessoas me tratando bem, mas começou a ficar preocupada com o fato de eu ficar sentado lá com todo aquele dinheiro, então ela e o vovô se revezavam, me observando do outro lado da rua.

Aquelas apresentações foram o máximo. As pessoas eram muito gentis e me elogiavam. Quase todo mundo jogava pelo menos um ou dois dólares e dizia coisas legais. Ao final de um dia, descobri um bilhete em meu estojo. Não me lembro exatamente o que dizia, mas era algo como: "Você é um gatinho! Me liga! Um beijo, Tiffany", junto com um número de telefone.

O Chaz e o Ryan ficaram intrigados, dizendo:

– Como assim, cara?

Assim, ué.

É até difícil imaginar que poderia ficar ainda melhor, mas foi o que aconteceu! Disney e garotas. Aquelas apresentações foram boas demais!

A acústica era ótima naquele lugar, e em dias mais calmos e silenciosos, o pessoal falava que dava para me ouvir cantar desde o começo da rua. Os ônibus chegavam e saíam, trazendo todo tipo de gente. Senhoras com chapéus e bolsas gigantes, estudantes japonesas de uniformes quadriculados, grupos de escoteiros e times de beisebol, casais de idosos passeando. Os grupos de turistas eram deixados na esquina para que pudessem comprar lembranças, e algumas pessoas ainda estavam lá quando o ônibus voltava para buscá-las.

"Para nós, ir à Disney era uma possibilidade tão remota quanto ganhar na loteria."

Graças às influências musicais dos meus pais, eu tinha um repertório bom que agradava a todos. Tinha de tudo: de R&B a música pop, *country* e *gospel*. Tinha até um pouco de heavy-metal, que nem é tão pesado assim quando cantado por um moleque em seu violão, eu acho, mas... bem... Era um minimetal, digamos assim. E dava certo.

Uma música em particular que sempre fazia as pessoas se emocionarem e rendia muitos trocados, "Sarah Beth", uma composição da banda Rascal Flatts sobre uma garota com câncer. Tente assistir a esse clipe

"Eu tinha 12 anos... Queria começar a namorar"

no YouTube sem ficar com o choro entalado na garganta. Duvido que você não fique emocionado. "Sarah Beth" amolece qualquer um. Não me importa se você é um daqueles caras durões e insensíveis. Você vai chorar no final da música.

Os funcionários das lojas próximas ao teatro me adoravam, porque quando eu estava tocando, a clientela ficava ali por mais tempo. Por eles, eu trabalharia lá durante todo o horário comercial, mas estávamos no verão, e eu tinha 12 anos. Eu queria brincar com os meus amigos e começar a namorar. Estava me sentindo mais do que bem-sucedido no âmbito financeiro, totalmente pronto para tomar a iniciativa, ser um cavalheiro e me divertir com as meninas.

VÍDEO VIRAL

Meu primeiro encontro está meio que marcado na história como "o desastre amoroso do Justin". Eu levei a menina para o King's, um restaurante com bufê. Sim, eu estava vestindo uma camisa branca. Sim, eu pedi espaguete. Não, essa não foi uma ideia inteligente. Mas não foi um grande trauma, apesar de tudo. A menina era uma amiga e ficou muito tranquila com a situação. Rimos de tudo e, se aquela não foi uma das minhas melhores experiências com as meninas, pelo menos rendeu uma boa história pra contar, e foi um bom pontapé inicial pra minha vida amorosa. Fiquei mais nervoso antes daquele encontro do que antes de qualquer apresentação num palco até então, mas, depois que tudo terminou, fiquei animado com a ideia de sair com outras meninas e me divertir. É sério, se a pior coisa que já te aconteceu num encontro com uma menina é ficar com a camisa manchada, é bom você parar de sofrer, porque isso não é nada.

Um monte de turistas que me assistiram cantando na escadaria tinha câmeras – o que não é uma surpresa –, e logo, logo apareceram uns vídeos dessas apresentações no YouTube. Uma vez, procurando por essas gravações, cliquei em um dos vídeos que minha mãe fez no concurso anterior.

– Caraca, mãe, quantas vezes você e a vovó abriram esse vídeo? – perguntei. – Tem um monte de visualizações... nossa!

Abaixo do vídeo, havia dezenas de comentários:

Que fofo!

Ai meu Deus! Amo o Justin

Mandou bem! Esse moleque é bom!

Que coisa idiota!

Idiota é você! Não liga pra esses babacas, Justin. VC É LINDO!

Doideira total. Os vídeos das apresentações na escadaria também tinham sido vistos uma centena de vezes, com comentários parecidos. À medida que o verão passava, essas centenas se transformaram em milhares. Mamãe começou a receber ligações estranhas de pessoas desconhecidas.

– O Justin já tem empresário?

– Gostaria de lhe propor ser o empresário do Justin.

A gente não se iludia com isso, porque mamãe sentia que esses caras eram trambiqueiros – ou algo pior. Ela recebeu um e-mail de um produtor do programa de TV *Maury* (anteriormente chamado de *The Maury Povich Show*), mas eu nem sabia que programa era aquele.

'Acho que vai todo tipo de gente excêntrica *nesse* programa' comentou vovó. 'Ou então interessados em fazer teste de paternidade pra saber quem é o pai de um bebê.'

Eca! Definitivamente não estávamos interessados nesse programa.

A LIGAÇÃO QUE MUDOU TUDO

Um dia, mamãe recebeu uma ligação do departamento escolar do distrito. Um tal de Scooter Braun havia telefonado para eles, procurando por um menino de Stratford.

– Sou muito cética em relação a esse pessoal da indústria fonográfica – disse mamãe. – Prefiro que deixem meu filho em paz.

O departamento informou a ela o número de telefone do Scooter, mas ela não retornou a ligação. Então o Scooter passou a ligar para as pessoas próximas, tentando nos encontrar. Ele foi tão persistente que minha mãe aceitou retornar sua ligação de um número bloqueado, só para ouvir o que ele tinha a dizer.

– Por favor, me escute por apenas um instante, Pattie – pediu Scooter. – Se depois você nunca mais quiser saber de mim, tudo bem. Só queria dizer que vejo algo realmente especial no seu filho. Vejo muito de mim nele, com a exceção de que, na idade dele, eu não tinha qualquer talento. Acho que posso ajudá-lo.

O fato de mamãe não ter desligado o telefone de imediato me fez refletir: talvez aquilo fosse sério. Talvez seja assim que tudo começa. Afinal, quando você canta no chuveiro, fingindo ser um *rock star*, não está realmente pensando em como tudo isso acontece. O Scooter me despertou interesse, mas as coisas que ele dizia pareciam o roteiro de um filme, e não algo possível na vida real de um garoto. Acontece que a vida do próprio Scooter parecia um

"Sou um cara de 25 anos que já foi um dos promotores de festas mais bem-sucedidos do país. Um dia decidi que nunca mais organizaria uma festa. Simplesmente não queria chegar aos quarenta falando para os meus filhos: — O papai precisa ir pra boate. — Aquilo não era vida para mim. Queria entrar no ramo musical, participar da criação de algo. Acabei virando vice-presidente de marketing de um selo chamado So So Def. Saí de lá para criar meu próprio selo e ser empresário de artistas. Meu trabalho é descobrir novos talentos e ajudá-los a construir uma carreira."

– E qual é o artista que você está produzindo agora? – perguntou mamãe, pronta para pesquisar no Google e desmascarar o cara caso ele quisesse dar uma de malandro.

– Acabei de assinar com um rapper chamado Asher Roth. Ele está começando ainda, mas temos grandes planos pra ele, e estou animado com as oportunidades que estão surgindo. O detalhe mais importante que você precisa saber sobre mim, Pattie, é que eu quero garantir que seu filho nunca pense "e se?" e se arrependa no futuro.

O Scooter acabou ganhando alguns pontos com ela durante aquela longa conversa. Ele lhe passou uma lista enorme de referências impressionantes, e os dois terminaram trocando ideias sobre família e valores por umas duas horas. Ele pareceu um cara legal. Mamãe lhe disse que pensaria no assunto, mas me pediu que não criasse muitas expectativas.

Naquela época, as visualizações dos vídeos no YouTube já tinham atingido a marca das dezenas de milhares. Um vídeo chegou a ser visto mais de 72.000 vezes, e ganhou várias "honras", que é o índice de que o clipe está gerando muito interesse. As aulas voltaram no outono e, durante os avisos matutinos, um dia exibiram uma montagem dos meus vídeos no YouTube. Aquele primeiro contato do Scooter alimentou o interesse do colégio. Eu ainda mantinha esse lado como uma identidade secreta na escola; a garotada nem imaginava que eu era músico. Eles não iam para os lugares turísticos onde me apresentei. Tinha quase 13 anos, e ainda alimentava a esperança de que os hormônios do crescimento fizessem seu trabalho logo. Se eu era conhecido, era por causa do esporte. Algumas dessas pessoas achavam que precisavam

"A conversa fluía como se nos conhecêssemos há anos."

me colocar no meu devido lugar, e tive um pressentimento de que essa montagem faria o pessoal pegar ainda mais pesado comigo.

Quando a mamãe finalmente me deixou conversar com o Scooter pelo telefone, perguntei:
– Cara, por que você fez isso? Que coisa constrangedora! Você não sabe que os moleques do oitavo ano são cruéis? Eu não preciso desse tipo de exposição!'

O Scooter riu, o que me fez rir também. Depois de cerca de uma hora, a conversa fluía como se nos conhecêssemos há anos. Realmente, éramos parecidos em muitos aspectos, principalmente em relação ao gosto musical.

– Justin, fiquei feliz de ter falado com você. Conversei com a sua mãe e parece que ela vai me deixar trazer você para Atlanta. Você vai poder andar de avião pela primeira vez. Quando chegar aqui, vamos ver se você consegue me vencer no *HORSE*, como está dizendo que vai fazer. – E temos jogado *HORSE* desde então.

– Não vai dar – falei pra ele. – Vamos passar as férias na Disney. Tenho economizado pra comprar os ingressos. Essa vai ser nossa primeira viagem, e vou bancar tudo.

Ele continuou fazendo nossa cabeça, e mamãe e eu conversamos sobre o assunto até tarde da noite.

– Essa pode ser uma oportunidade imperdível, mãe. Não quero deixar passar.

– Se é isso que você quer... ela balançou a cabeça – vamos para Atlanta. A Disney ainda existirá quando voltarmos.

PARA O ALTO E AVANTE

Mamãe e eu embarcamos em nosso primeiro voo no outono de 2007. Deixamos o solo, rumo ao céu. Foi tão fantástico quanto sempre achei que seria. Por toda a minha vida olhei para os aviões no céu, mas, quando eu era pequeno, achava que aquilo era para gente rica. Sabia que não era totalmente impossível, mas pessoas como minha mãe e eu tinham noção da realidade. E acho que eu enxergava a indústria fonográfica da mesma forma. Via gente como a Beyoncé, o Usher e o Justin Timberlake tão distantes quanto as estrelas. Seria possível estar no mesmo lugar que eles? O Scooter parecia achar que sim, e eu queria acreditar nisso, mas mantínhamos nossos pés no chão. Não cairia na asneira de contar pra todo mundo no colégio sem ter algo realmente concreto fechado. Além do mais, a decepção que eu teria caso nada daquilo se tornasse realidade seria demais para mim.

Quando pousamos em Atlanta, o Scooter nos apanhou no aeroporto, dirigindo uma Mercedes roxa com rodas superestilosas!

– Irado! – exclamei ao ver o carro.

A mamãe apenas balançou a cabeça. O Scooter saiu do carro e nos surpreendeu com um grande abraço antes de jogar nossa bagagem no porta-malas.

– Oi, gente! Sou o Scooter.

– Prazer! Sou o Justin.

– Belo carro – comentou mamãe.

SEGWAY

“O Scooter fazia palhaçadas... Nos demos superbem de cara. ”

– Esse foi o primeiro carro que eu comprei contou-nos ele. Paguei em dinheiro nos meus tempos de promotor de festas. Hoje sou outra pessoa e tenho uma linha de trabalho muito diferente, mas ainda gosto do carro.

– Irado – afirmei. – Como é o sistema de som?

– Ensurdecedor – respondeu Scooter.

– Som na caixa, então! – pedi.

Ele ligou o som bem alto e eu comecei a cantar junto com a Rihanna e o Jay-Z a música “Umbrella”. Então a mamãe entrou na brincadeira e passou a me acompanhar. Em pouco tempo estávamos todos cantando e rindo. O Scooter fazia palhaçadas, imitando as vozes do Mike Tyson e do Schwarzenegger. Nos demos superbem de cara. A mamãe não conseguia acreditar. Ela comentou que ninguém nunca havia sido tão brincalhão assim conosco.

– Se não tiver problema para vocês, estou indo para o estúdio do Jermaine Dupri – informou o Scooter.

– Sem problema nenhum. Já é! – respondi.

Eu sabia que o Jermaine Dupri era o cara. Ele já lançou artistas extremamente bem-sucedidos – os rappers Kris Kross, Da Brat e Lil Bow Wow –, e também já trabalhou com Mariah Carey, Luther Vandross e a antiga paixão da minha mãe: Boyz II Men.

– Mas vai ser apenas uma visita social, ok? – disse o Scooter. – Vamos lá só para nos divertir e jogar videogame. Não quero que você cante para eles ainda. O plano é fazer com que eles conheçam você, para depois mostrar-lhes os vídeos e bolarmos juntos alguma coisa que você cante pra eles. Você não vai participar de um teste agora, entendeu? – recomendou Scooter.

– Saquei.

Estacionamos no prédio do estúdio, logo ao lado de uma Range Rover preta. Quando o motorista saiu, meu queixo quase foi ao chão.

– Meu Deus! Aquele é o Usher?

Era a mesma sensação de quando o avião decolou. Eu estava nas nuvens de novo, entre as estrelas! Aquilo tudo era uma loucura, eu não conseguia acreditar. Mal podia esperar para ver a cara do Chaz e do Ryan quando eu contasse que tinha conhecido o Usher. Antes que o Scooter pudesse me segurar, eu já estava fora do carro, correndo pelo estacionamento.

– Ei, Usher! Cara, adoro você. Posso cantar para você?

– Não, amiguinho, está frio aqui fora. Vamos entrar – propôs o Usher.

Algumas pessoas pensam que eu conheci o Usher totalmente por acaso num estacionamento em Atlanta e que vinte minutos depois fechei um contrato com uma gravadora. Na verdade, só fui vê-lo quase um ano depois. Ele me ignorou completamente, cumprimentou o Scooter e entrou no prédio para falar com alguém. Até hoje sacaneio o Usher por causa disso. Algum tempo depois, ele contou a alguém que achou que eu fosse um primo novinho do Scooter ou algo assim. Ha-ha.

Quando o Usher entrou, o Scooter olhou pra mim com aquela expressão de desespero!

"Mal podia esperar para ver a cara do Chaz e do Ryan quando eu contasse que tinha conhecido o Usher."

O Scooter havia pedido que eu não cantasse para o Jermaine Dupri, mas não disse nada sobre o Usher! Entramos, nos encontramos com o Jermaine e jogamos videogame. De vez em quando eu criava uma imagem fantástica na minha cabeça, comentando com o Chaz e com o Ryan: "Então, eu estava lá com a galera no estúdio..." Mamãe ainda estava desconfiada, não muito disposta a acreditar que aquilo levaria a algum lugar. Estávamos apenas de palhaçada, e arrisquei uma palinha do rap do Nelly, "Grillz", uma música muito maneira que ele compôs com o Dupri.

A princípio, todos riram. Provavelmente era estranho ver um garoto branco imitando o Nelly, mas então o Jermaine disse: – Calma aí, calma aí. Preciso pegar a minha câmera.

Quando ele voltou, me fez repetir toda a performance na frente da câmera.

– Sensacional! – elogiou ele, quando terminei. – Quem é esse garoto? Um miniScooter?

Ele riu, achando divertido – dava pra perceber que ele e o Scooter eram próximos e que o J.D. estava curtindo aquele encontro, mas não tanto quanto eu. Afinal, eu era apenas um moleque de Stratford, Ontário, e lá estava, conhecendo o Jermaine Dupri!

– Na verdade, ele canta – disse o Scooter.

– Ah, essa eu preciso ouvir – pediu J.D.

– Não, cara, hoje não – respondeu o Scooter. – Ele acabou de chegar de viagem, e eu ainda não tive a oportunidade de...

Deixei escapar um pouquinho de Boyz II Men. Mais uma vez, o Scooter me encarou com reprovação.

Jermaine olhou para o Scooter.

– Não vai ser dessa vez, amigão – disse Scooter, rindo.

Percebi, pela cara do Scooter, que era hora de ir embora, que aquilo não fazia parte do plano. Ao longo dos anos, eu e Scooter aprendemos a trabalhar em sinergia, mas, naquele episódio, havíamos apenas começado a parceria. Voltamos pro carro.

"Eu estava no meio das nuvens de novo, entre as estrelas!"

– Não estamos aqui para cortar caminho. Vamos planejar isso com cuidado e fazer tudo direito – Scooter sugeriu.

– Não entendo nada disso – disse mamãe. – Eu só queria conhecer mais esse negócio. Queria conhecer você melhor, como pessoa. Você está pedindo para entrar integralmente na vida do meu filho e servir como um modelo para ele. Não posso permitir isso sem algum... não sei...

– Adiantaria se você conhecesse minha família? – perguntou Scooter.

– Sim. Na verdade, adiantaria. Me sentiria muito mais confortável.

– Meu pai está de passagem por Atlanta amanhã, voltando de uma viagem para praticar *kitesurf*. Você vai adorá-lo. Meu pai me criou muito bem. Ele é o meu melhor amigo, mas também o respeito muito. Você verá. Se um dia eu for metade do homem que meu pai é, ficarei feliz.

"É claro que ele era jovem, mas era educado e cheio de energia. Conhecia aquela indústria como a palma de sua mão. E acreditava em mim."

No dia seguinte, fomos a um restaurante no aeroporto para conhecer o pai do Scooter: o dr. Ervin Braun, um dentista que tinha uma queda por esportes radicais. A mãe do Scooter é uma ortodontista que se interessa por artes. Mamãe concluiu que esse tal de Scooter, dono de um carro roxo de malandro, era gente fina, no final das contas. Ele tinha uma fé judaica muito forte. Sua família era carinhosa, estável e bem-sucedida. É claro que ele era jovem, mas era educado e cheio de energia. Conhecia aquela indústria como a palma de sua mão. E acreditava em mim.

Ficamos em Atlanta por poucos dias, mas antes de irmos embora bolamos um plano: continuaríamos a postar vídeos no YouTube, aumentando as visualizações e aprimorando o que eu estava fazendo. O Scooter tinha em mente um monte de músicas que eu poderia cantar, assim como uma estratégia de como apresentá-las, envolvendo o crescente número de fãs. Eu adorava todas as músicas que ele escolheu, então estava totalmente de acordo. Ao longo dos meses seguintes, gravamos novos vídeos e os postamos, e mamãe e Scooter ficavam acordados a noite toda monitorando os números que subiam, contabilizando as "honras".

We have BIEBER FEVER

FELIZ ANO-NOVO

Passamos o Natal de 2007 na casa dos meus avós, como sempre. Na véspera de Ano-Novo, ficamos lá, imaginando o que o ano de 2008 nos traria.

– Acho que você deveria cantar "With You" – disse o Scooter – Essa música está bombando agora, e você vai mandar bem.

Era uma boa ideia. Eu adorava a música, então não demorou para que eu a aprendesse. Mal podia esperar para que a mamãe gravasse o vídeo. Infelizmente, no dia anterior, eu tinha feito o corte de cabelo mais feio de toda a minha vida. Minha franja característica tinha sido transformada em um corte quadrado que lembrava de certa forma o cabelo do Bart Simpson, o que combinou direitinho com o pôster do personagem colado na parede atrás de mim – mamãe filmara o vídeo no meu quarto da casa dos meus avós. O único problema é que, pelo enquadramento do vídeo, só era possível ver a virilha do Bart... além de alguns jogadores de hockey mirim. Poucos minutos depois, me levanto e dá para ver um pôster do Tupac também, o que acho que resume minha personalidade: Bart Simpson e Tupac. Ha-ha. Admito: o Scooter estava certo. Mandei bem mesmo. Só pensava nisso. Achei que havia mandado a música muito bem, e mal podia esperar que ele visse o vídeo.

Scooter estava na cerimônia de premiação do Grammy quando mamãe lhe enviou o arquivo, e ele adorou a performance. Mas o mesmo não podia ser dito do meu visual. Ele enviou um torpedo pra minha mãe:

> **"Em menos de um mês, o vídeo daquela música incrível com o corte de cabelo horrível alcançou um milhão de acessos."**

"O vídeo está ótimo, mas vamos filmar de novo quando o cabelo dele crescer."

Mas o torpedo chegou incompleto. Mamãe só recebeu a parte que dizia: "O vídeo está ótimo", então ela o postou no YouTube. Quando o Scooter conseguiu falar com ela para pedir que deletasse o *post*, o vídeo já tinha atingido 25.000 visualizações.

– Uau! Bom, vamos ver no que dá – decidiu Scooter.

Em menos de um mês, o vídeo daquela música incrível com o corte de cabelo horrível alcançou um milhão de acessos.

Agora quase todos os vídeos atingem um milhão de acessos quase imediatamente, e não consigo nem expressar minha gratidão, mas aquele primeiro milhão... foi sensacional.

Mamãe e o Scooter trabalhavam incansavelmente dia e noite. O Scooter e a Carin estavam começando a sair na época. Coitada, acabou entrando sem querer na história. O Scooter nos levava para os EUA para nos encontrarmos com uma pessoa ou outra, mas ninguém demonstrava o menor interesse por mim. Começamos a ficar frustrados. Tínhamos nos dedicado tanto, e os acessos no YouTube estavam bombando, mas ninguém da indústria fonográfica "séria" parecia ligar pra isso. Repetiam para a gente:

– Você não pode fazer uma criança estourar sem um programa de TV. Se ele não aparecer na Nickelodeon ou no Disney Channel, pode esquecer.

– Mas o garoto já tem um grupo enorme de fãs. É muita gente. Se dermos os discos a eles, eles cuidam do resto – insistia Scooter, mas isso nunca havia sido feito na indústria. Todo mundo sabia o que era um vídeo viral, mas nunca alguém havia usado essa tática para lançar um artista. A cada "não", Scooter parecia mais animado. Ele dizia que dessa forma, o "sim" seria mais doce quando chegasse.

– Nada que é realmente importante vem fácil.

Conversando tarde da noite com o Scooter pelo telefone, eu disse:

– Temos que fazer isso dar certo. Quanto mais eu penso, mais quero. E se eu falar sobre isso com alguém no colégio, vão me achar um idiota.

– É só inveja – opinou o Scooter.

– De quê? Eles acham que é tudo encenação. Eles falam: "Se você é tão bom assim, quando vai aparecer na MTV, Bieber?"; "Ei, Bieb, não era pra você estar no rancho de Neverland almoçando com o Michael Jackson?"

– Talvez eles tenham inveja porque você acredita em algo.

Não havia pensado nisso.

– Vai dar certo, Justin. A única coisa que pode te atrapalhar é você mesmo. Quem tem talento e se dá mal nesse ramo, não é por causa da música, mas da vida pessoal. Mantenha o foco e não ligue para as besteiras que algumas pessoas dizem. O problema não é você, são eles. É a visão pessimista que eles querem ter. Escolha ter uma visão otimista.

"Nada que
é realmente
importante
vem fácil."

CAPÍTULO 5

O COMEÇO DE UMA NOVA VIDA

justinbieber não acredita que sonhos se transformam em realidade? pense nisso: sigo mais gente no twitter que o número de habitantes da minha cidade. Sonhos se transformam sim em realidade

5h08, 30 de abril, via web

O show exclusivo para fãs VIPs é uma oportunidade de eu me divertir com alguns poucos admiradores antes de o restante das pessoas chegar ao estádio. Noite de estreia da turnê, cerca de duzentas gatinhas se acotovelando em frente ao palco. Meu DJ, Tay James, se junta a mim no palco e arma o espetáculo. Ele realmente sabe como incendiar um show. O Dan também aparece, e fazemos uma *jam session* rápida, tocando "Crazy Train", e logo chamamos o Scooter.

– Uma salva de palmas para o meu empresário, Scooter Braun!

Os fãs adoram quando arrasto o Scooter para o palco. Como empresário, ele é capaz de resolver qualquer problema que apareça – desfaz qualquer nó, conserta qualquer defeito –, mas também é uma das pessoas mais criativas que já conheci. Faz imitações hilárias. As garotas da frente enlouquecem. Todas sabem quem ele é.

– Scooter, chega mais. Imita o Schwarzenegger! Por favor, vai!

Ele pega um microfone e diz: 'Compra o álbum do Justin Bieber ou arranco seu braço e bato em você com ele!'

Todo mundo cai na gargalhada, e ele se transforma no Mike Tyson, com direito a língua presa!

– Só queria dizer que o Justin Bieber me tornou um cara menos solitário.

E o Scooter prossegue, imitando até o Obama!

– Obama! Scooter, imita o Obama. Ele tenta sair do palco, acenando com as mãos, mas eu puxo o coro da plateia: "Obama! Obama! Obama!"

– Bom, como vocês sabem, a questão toda é a mudança. Minhas meninas, Sasha e Malia, são grandes fãs desse carinha aqui. E vou dizer pra vocês: adoro o Bieb.

Também fazemos um quiz. São sempre as mesmas perguntas, mas não me importo, porque todos estão num clima ótimo. Já sinto a energia crescer.

O Scooter balança a mão atrás de um grupo.

– Isso, isso, você. O marmanjo aí atrás. Tem alguma pergunta?

– Sim – responde Scooter, encenando – Você vai ter algum convidado especial hoje no show?

– Bem, deixa eu ver... Minha mãe, é claro, e meus avós. E também tem um amigão meu...

"O Scooter é uma das pessoas mais criativas que já conheci."

Antes que eu consiga dizer o nome do Usher, a multidão o avista, entrando no palco logo atrás de mim. A galera vibra! O Usher passa o braço pelo meu ombro, estilo amigão mesmo. Damos um dos nossos apertos de mão secretos. Ele dá tchau antes de voltar para os bastidores, sob uma chuva de aplausos.

"Este é o primeiro passo para a eternidade."

O Dan e eu encerramos o minievento. Os fãs seguem para uma recepção no andar de cima. O estádio está silencioso, por enquanto. Embaixo do palco, Usher e eu sentamos na beira de uma rampa, conversando baixinho.

– Uma carreira de sucesso começa com o primeiro passo – diz ele. – E é óbvio que esse primeiro passo é o mais difícil. Sei que é demais cobrar que alguém tão jovem carregue tanta responsabilidade. Você tem de ir com calma. Curta esse momento. Vá lá e tenha certeza de que todo esse trabalho pesado compensou, e agora é o momento de você aproveitar.

– Eu vou – respondo. – Todos têm insistido para eu descansar minha voz durante a semana, mas precisamos ensaiar. Quero que tudo dê certo, sem decepcionar ninguém.

– Você conhece a energia dessa família aqui. Tudo é muito flexível, muito orgânico, cheio de amor. Estamos tentando cuidar de você. É claro que sua voz é a parte mais importante. Eles não podem escutar a música quando estão vendo você dançar, então precisamos proteger essa voz, e é por isso que fiz questão de vir aqui na estreia. Quero me assegurar de que você entendeu que precisa ir com calma. Nem tudo vai acontecer em um show só. Você ainda tem 85 shows pela frente.

– É só nisso que eu penso, cara. Que doideira! São 85 shows em seis meses. Eu entendo.

– Oitenta e cinco parece muita coisa, assusta. Mas o primeiro passo é você entender que isso vai ter um fim. E quando você chegar ao show número 85, estará tão calejado que será reconhecido como um artista eterno, não

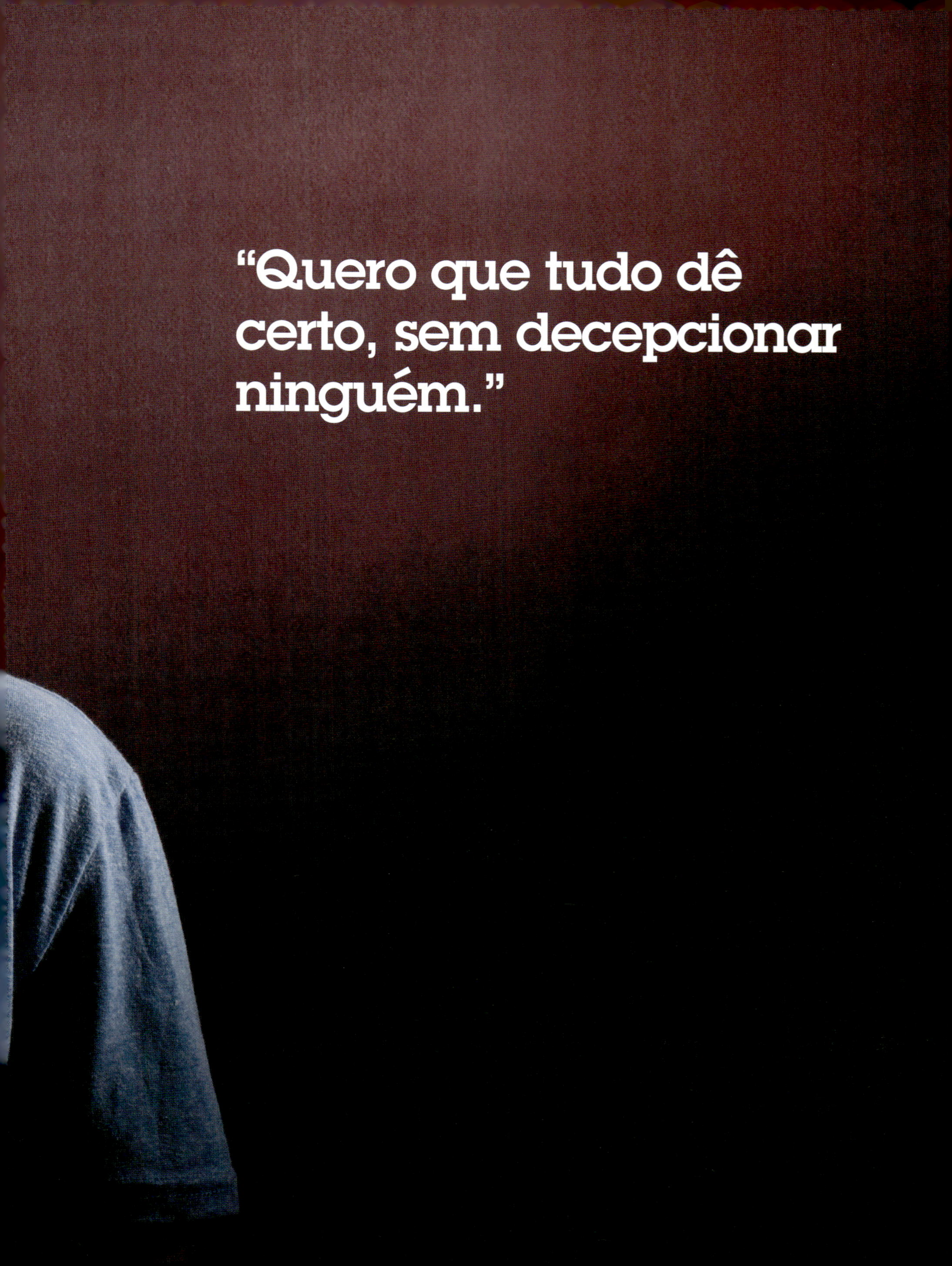

"Quero que tudo dê certo, sem decepcionar ninguém."

um zero à esquerda, e o próximo passo é a turnê mundial. Este é o primeiro passo para a eternidade, cara. O céu é o limite. Mas você tem de ser esperto. Precisará ir com calma no palco e na vida.

Essa foi uma lição difícil de aprender na época em que eu estava tentando me firmar na indústria fonográfica. Paciência. Calma. Mas aconteceu. Depois daquele vídeo de "With You" com o corte de cabelo horroroso e a virilha do Bart Simpson aparecendo, o próximo vídeo postado no meu canal do YouTube foi de quando cantei para o Usher, em fevereiro de 2008.

Canon

UM AMIGO PARA TODA A VIDA

A forma como isso tudo aconteceu me lembra um pouco o roteiro do filme *Horton e o Mundo dos Quem!* O Scooter é o elefante, tentando convencer todos os cangurus e as cacatuas da indústria fonográfica de que existiam zilhões de fãs, mas ninguém acredita nele por um bom tempo. Ele concluiu que precisávamos de um empurrãozinho de alguém importante no meio. Precisávamos ir a uma daquelas reuniões de gravadoras com alguém que entendesse do assunto e desse a pompa de que necessitávamos. O Scooter

conhecia dois caras perfeitos para a tarefa: Justin Timberlake e Usher. Os dois estouraram quando eram adolescentes e depois se transformaram em astros adultos. São dois caras incríveis e respeitados pelos executivos das gravadoras. Scooter os convenceu a assistir aos vídeos no YouTube, que àquela altura já demonstravam como eu havia crescido – física e vocalmente – e quantos fãs só estavam esperando que eu lançasse algo.

– De onde saiu esse moleque? Por que não ouvi falar dele? – perguntou Usher ao Scooter.

– Você ouviu e viu. Era ele no estacionamento naquele dia. Lembra? Ele queria cantar para você – relembrou Scooter.

– Cara, todo mundo quer cantar para mim. Como eu poderia saber que ele era bom?

O Justin Timberlake reagiu da mesma maneira. Tanto ele quanto o Usher se interessaram em me conhecer imediatamente. Não dava mais para eu e mamãe continuarmos tão pé no chão. Como assim o Usher e o Justin Timberlake querem me conhecer? Tá de brincadeira? Não havia nem por que contar isso a alguém do colégio. Seria como falar que eu ia conhecer o Chuck Norris, e todo mundo sabe que o cara é intocável. Pensa só, é o Chuck Norris. Ele não precisa de Twitter. Ele já está te seguindo.

Duas semanas antes do meu aniversário de 14 anos, eu e mamãe voamos para Atlanta para encontrar o Usher. Estava com meu moletom do Toronto Maple Leafs, e cantei "You Got It Bad" para ele. Ele ouviu, vestido com sua jaqueta de couro. Conversamos por uns minutos. Ele é uma das pessoas mais bacanas que já conheci. Ele é muito gente boa e passa uma tranquilidade que te faz ficar feliz de estar com ele. A mamãe gostou muito dele, e nós dois ficamos em choque quando o Scooter disse que o Usher queria que voltássemos a Atlanta para discutirmos uma possível parceria.

– Ainda precisamos conversar com o Timberlake. Prometi a ele que lhe apresentaria o moleque – disse Scooter para o Usher.

Encontramos o Justin Timberlake em sua casa em Memphis. A Jessica Biel, namorada dele, estava lá. O Scooter quase teve que vendar meus olhos para eu parar de olhar pra ela. Quando o Justin chegou, cantei "Cry Me a River" para ele.

"As palavras dele mexeram comigo, e ali eu soube que havia feito um amigo para a vida inteira."

– Tem que ter realmente muita coragem para cantar uma música minha para mim – comentou ele. Mas acho que ele gostou de mim, já que queria negociar um contrato. Passamos o restante da tarde só batendo papo e assistindo aos jogos das ligas universitárias de basquete. O Timberlake era, e ainda é, um cara muito talentoso, e até hoje admiro e me inspiro em sua carreira. Era muito surreal ele e o Usher quererem fechar um contrato comigo, um garoto de uma cicadezinha do Canadá.

Eu não conseguia acreditar que as coisas finalmente estavam se encaixando. Tinha até medo de acreditar. Só posso comparar essa sensação à vez em que fiz *bungee-jumping* numa ponte na Nova Zelândia, não muito tempo atrás. Foi um longo caminho até lá, mas, no último minuto, lá estava eu. Parado. Pronto. Não fazia ideia de como aconteceria, mas sabia que seria irado!

Mamãe e eu fomos para Atlanta novamente, e o Usher nos hospedou num hotel superchique, um lugar completamente diferente de qualquer outro que tínhamos conhecido. Tinha telefone até no banheiro e um cofre dentro de uma gaveta. O frigobar estava lotado de guloseimas e tinha uma cesta cheia de brinquedos no meu quarto. Peguei um cubo mágico e o resolvi em uns três minutos (tem um macete para isso). Quando o entreguei ao Usher, ele olhou pro Scooter e perguntou: 'Quem é esse garoto?'

Quando o Usher conversa com você cara a cara, ele fala muito tranquilamente, mas de uma forma muito intensa, sem desviar os olhos dos seus. Durante sua conversa comigo e com mamãe, ele falou com muita paixão e tudo parecia fazer sentido.

"Eles fazem parte da mesma equipe, e cada um cuida de mim a seu modo."

– Se você é um astronauta que vai para a Lua, não existem muitas pessoas no mundo com quem você pode compartilhar essa experiência. Eu sou seu amigo astronauta. Já fui à Lua. Posso te contar como é a subida e te trazer de volta em segurança. O mais bonito nisso tudo é que, enquanto você está no jogo, não consegue realmente enxergá-lo. Agora eu tenho uma chance de voltar no tempo e ver tudo acontecendo novamente. Aqueles momentos incríveis no palco... Será um prazer assistir até aos obstáculos, apesar de eles te deixarem nervoso, como você sabe. Mas eu posso te ajudar porque já passei por tudo isso. Como artista, me inspiro em gigantes que foram pioneiros. Quero compartilhar com você todas as minhas experiências, tudo que sei. Quero compartilhar isso com você e te ajudar a viver esse momento maravilhoso.

As palavras dele mexeram comigo e ali eu soube que havia feito um amigo para a vida inteira. Decidimos assinar com o Usher, e não me arrependo disso nem por um segundo. Sou o cara mais sortudo do planeta por ter sido apadrinhado por ele.

O Scooter e o Usher criaram uma parceria para administrar minha carreira, o que pareceu uma ideia perfeita. O Scooter me dá muitos conselhos, e eu confio nele, mas ele não sabe como é viver sob os holofotes, como o Usher vive. Eles fazem parte da mesma equipe, e cada um cuida de mim a seu modo.

010

PRA VALER

Tinha assistido ao filme *O som do coração* alguns dias antes, e tinha adorado a parte em que o garoto toca violão de uma forma totalmente bizarra, dando umas pancadas nas cordas com os dedos, com a frente do instrumento virada para cima, tocando como se o instrumento fosse um violão, uma bateria e um piano, tudo ao mesmo tempo. (Confiram no YouTube, é bizarro!) Canalizei todo o meu nervosismo para tentar descobrir como fazer aquilo. Na manhã da reunião, não consegui parar quieto. Comecei a espancar o violão daquele mesmo jeito, e o Scooter filmou um vídeo para que pudéssemos postar no YouTube e compartilhar com os meus fãs.

No carro, a caminho da reunião, eu ainda estava batucando nas minhas pernas, cantarolando, contando piadinhas péssimas e deixando minha mãe maluca. Finalmente, andamos em direção ao escritório do L.A. Reid e do Chris Hicks, da Def Jam. O Chris é um cara que teve um grande papel na formação da minha carreira e que hoje me auxilia em cada passo. O escritório do L.A. parecia uma catedral — se é que uma catedral tinha charutos sobre a mesa. As paredes são cobertas de fotos da história da música: L.A. rindo com o Stevie Wonder e o Lionel Ritchie; ele na cerimônia do Grammy com um monte de artistas; cumprimentando o presidente Obama. As janelas gigantescas do escritório tinham vista para toda a cidade de Nova York. Os sofás eram brancos como as teclas de um piano. Tinha até medo de me sentar.

justinbieber que animal. hj faz 2 anos que assinei o contrato com a gravadora. muito obrigado

14h53, 13 de abril, via web

O L.A. Reid é, sem dúvida, o cara mais elegante do mundo. Seu terno de grife era de um requinte só.

– Entre. Prazer em te conhecer, rapazinho.

Ele se sentou à mesa, que era maior do que o carro do vovô. O Scooter e o Usher afastaram as cadeiras, e eu fiquei bem no meio da sala com meu violão. Cantei umas duas músicas.

– Toca a música daquele filme – pediu o Scooter.

Toquei essa também, e então fiquei esperando, de pé.

– Uau – disse o L.A., finalmente.

Ele pegou o telefone e começou a fazer algumas ligações. Em uns trinta segundos, mais seis pessoas entraram no escritório e se sentaram nos sofás brancos.

Agradecemos a todos. Todos agradeceram e saíram. Saímos também. Acho que, se a minha vida fosse um filme, o diretor diria nesse momento: "Corta, corta! É só isso? Cadê o drama? Cadê o clímax?" Mas simplesmente não funciona assim. A verdade é que você vai para essas reuniões, depois volta para casa e espera por um milhão de anos... E ainda espera mais um pouco até o telefone tocar para saber que você vai dar o próximo passo de formiguinha. Ou não.

Mamãe e eu voltamos para Stratford, e quase morríamos do coração a cada vez que o telefone tocava, até que, finalmente, – aleluia! – recebemos as tão aguardadas boas notícias: a Island Def Jam queria assinar um contrato comigo. Fiquei eufórico, mas o Scooter aconselhou:

– Não deixe isso subir à cabeça. Isso é fantástico, mas precisamos acertar alguns detalhes antes de comemorar.

Eu teria que escrever outro livro para tentar explicar o lado empresarial disso tudo, mas o Scooter queria que eu entendesse tudo direitinho, então sentou comigo e me explicou detalhe por detalhe. Ele não estava nem aí se eu estava caindo de sono, batendo o pé de impaciência ou morrendo de tédio; ele queria que eu soubesse o que estava acontecendo. Mas eu só queria saber uma coisa:

– Vou ter um ônibus só para a turnê?

– Mais pra frente, sim. É muito provável.

– Eba! Vai ter um Xbox no ônibus?

– Esse é o plano – respondeu Scooter, rindo.

"A Island Def Jam queria assinar um contrato comigo. Fiquei eufórico."

Resumindo: a papelada ficou pronta, e eu e mamãe fomos pra Atlanta. Na noite em que assinamos o contrato com a Def Jam, Scooter nos levou para o Straits, o restaurante do Ludacris. Asher Roth, cuja carreira também estava sendo administrada pelo Scooter, apareceu junto com seu amigo Boyder. Os dois ficaram me zoando por eu ter que brindar com refrigerante, enquanto todo mundo estava bebendo champanhe. Também diziam que acabariam comigo no *Rock Band* e no *Guitar Hero,* mesmo que agora eu fosse alto nível. O Asher estava bombando no meio do rap naquela época; todo mundo estava falando dele, inclusive o Eminem.

– Estou de olho em você. Não quero que você torre dinheiro com besteiras. Você tem que manter o pé no chão – disse Asher.

– Tranquilo, Asher. Só vou contratar um pessoal para jogar pétalas de rosas atrás de mim aonde eu for – brinquei.

O Scooter pediu que trouxessem da cozinha um bolo de chocolate enorme, e, quando o doce chegou à mesa, ele levantou e anunciou a todo o restaurante:

– Atenção, pessoal! Eu queria fazer um anúncio. Esse moleque aqui acabou de assinar um contrato com a Island Def Jam!

Eu estava em Atlanta, a capital musical do universo, no restaurante do Ludacris. Todos sabiam da importância daquilo. Todo mundo aplaudiu e assobiou.

Fiquei superenvergonhado — do mesmo jeito que as pessoas ficam quando estão num restaurante e os garçons chegam na mesa para cantar parabéns. Mas, depois de tudo pelo que passamos, era um momento merecido. Nos transformamos mesmo numa família.

"Eu só queria saber uma coisa:
– Vai ter Xbox no ônibus?"

Isso tornou um pouco mais fácil sair de Stratford. Mamãe e eu fomos para casa e começamos a planejar a mudança para Atlanta. Nenhum de nós conseguia acreditar que tínhamos chegado lá. E ficamos loucos só de pensar que poderíamos chegar ainda mais longe.

Eu estava louco para tudo começar logo. Escrevia e tocava minhas músicas o tempo todo, doido para entrar em estúdio, ansioso com aquela sensação pré-*bungee-jumping*. Tentava não falar nada sobre o assunto no colégio, porque o problema de contar às pessoas que você vai fazer *bungee-jumping* – ou qualquer outra coisa que seja diferente, importante ou pouco convencional – é que os seus amigos de verdade vão ficar surpresos e admirados. Porém, outras pessoas vão te olhar torto e ficar falando sobre tudo que pode dar errado. E aquelas pessoas que estão menos satisfeitas com as suas próprias vidas vão torcer para que os cabos arrebentem e você tenha um traumatismo craniano.

Mas, como o Scooter diz, isso é problema deles, não seu.

"Eu estava doido para entrar em estúdio."

UMA EXPERIÊNCIA EMOCIONANTE

Passei outro verão cantando em frente ao Avon Theatre, e havia começado o nono ano no colégio Northwestern, ainda esperando meus hormônios me fazerem crescer e competindo com estudantes três séries acima, os Goliaths.

Mamãe cuidou da papelada necessária para nos mudarmos do Canadá para os EUA, que é muito mais complicada do que se pode imaginar. Ela vendeu todos os nossos bens e nos mudamos para a casa dos meus avós, o que provavelmente foi muito mais divertido para mim do que para mamãe e vovó. Os nervos delas estavam à flor da pele.

As semanas pareciam meses. Essa provavelmente era a pior parte daquilo tudo: ter que esperar. E esperar. E esperar mais. Quando resolvemos tudo, nos despedimos dos meus avós e de nossos amigos — tudo o que representava nosso imaginário lar até então — e fomos rumo a Atlanta com nada além das nossas roupas e meu violão.

Carin e Scooter acharam uma casa a um quarteirão de onde o Asher morava, para que pudéssemos ficar próximos. Foi tudo tão em cima da hora que o Scooter precisou assinar o contrato de aluguel da casa em seu nome para que não perdêssemos a vaga. Em nossa primeira noite na cidade, dormimos na casa dos pais da Carin. No dia seguinte, o

“A Mama Jan se tornou uma das pessoas mais importantes da minha vida”

Scooter nos levou para fazer compras e deixou que a mamãe comprasse os móveis e outros utensílios domésticos com seu cartão de crédito.

Era hora de botar a mão na massa.

O Usher marcou uma reunião com Jan Smith — a “Mama Jan” —, que é também sua professora de canto. Ela só dá aula para artistas famosos, mas me aceitou porque o Usher pediu muito. Ela é uma das pessoas mais legais que eu já conheci, uma segunda mãe de todo mundo, e se tornou uma das pessoas mais importantes da minha vida. Ela não brinca em serviço, e eu nem ouso aprontar com ela.

Outra pergunta que as pessoas fazem sempre é se eu acho que a minha carreira vai acabar se minha voz mudar.

– Não tem “se” – disse a Jan logo no começo. – A puberdade chega. Vamos contorná-la.

Não fiquei preocupado. Ela também passou por isso com o Usher, e o ajudou a se recuperar depois que ele perdeu totalmente sua voz.

O Scooter diz que ela é nosso ingrediente secreto.

O próximo membro importante a entrar na família foi a Jenny, minha tutora. Como eu tinha apenas 14 anos na época, tinha que obedecer a leis muito rígidas em relação ao trabalho infantil, que determinavam quantas horas eu podia trabalhar por dia e os requisitos educacionais que deviam ser seguidos à risca. Jenny trabalha na School of Young Performers, especializada em educação particular de crianças e adolescentes que trabalham no meio artístico. O Chris Brown, a Rihanna e muitas outras crianças da Broadway e da televisão fizeram esse curso.

Minha relação com a Jenny é bem boa. (Ops, BASTANTE boa. Valeu pelos toques, Jenny!) Ela se assegura de que faço os deveres de casa e outras tarefas, e não faço muitas brincadeirinhas com ela — não mais que uma vez por mês. É difícil resistir, porque ela é muito gentil e acredita em tudo que digo, cai na pilha fácil...

No primeiro de abril, propus a ela:

– Jenny, vamos fazer um experimento científico.

– Ótima ideia – respondeu ela. – Vamos lá.

– Eu li que se você põe sal em cima da manteiga, ela fica quente. Dá até pra sentir.

– Sério? Nunca ouvi falar disso.

Cuidadosamente, pus um pouco de manteiga num prato e joguei uma colher de sal sobre ela.

– Bem, agora precisamos esperar dois minutos. Contei o tempo no relógio, e então coloquei minha mão um pouco acima da manteiga. Caraca, que irado! Dá mesmo pra sentir. Olha só.

A Jenny colocou sua mão sobre o prato e, antes que ela pudesse reagir, empurrei a mão dela pra baixo, e a manteiga saiu espirrando pra todo lado.

Foi hilário!

Entre fazer essas brincadeiras e estudar, é claro que prefiro brincar o dia inteiro. Estou errado? Sou adolescente, oras.

justinbieber ESTUDAAAR!!! ela acha que eu tô digitando meu trabalho agora. Rs

11h51, 12 de fevereiro, via web

justinbieber fui pego... educação é a chave de tudo

12h13, 12 de fevereiro, via web

ENTRANDO EM ESTÚDIO

Rolou uma discussão interminável para decidir se eu estava pronto ou não para entrar em estúdio e gravar meu primeiro *single*. O Usher achava que a minha voz ainda não estava muito madura e que eu precisava de mais aulas com a Mama Jan, mas o Scooter e eu estávamos impacientes. Começamos a achar que eu entraria na puberdade e minha barba cresceria até eu ter gravado qualquer coisa.

Uma moça chamada Tashia trabalhava com o Scooter cuidando da escolha das músicas em alguns projetos, ajudando-o a contratar produtores, fazer os pagamentos e tudo o mais, mas a Tashia também tinha seu próprio estúdio com a Lashaunda "Babygirl" Carr. O Asher Roth havia trabalhado lá algumas vezes e tinha gostado muito.

O Scooter disse a mim e à mamãe que lá seria um bom lugar para eu começar a exercitar minha criatividade. Não era um lugar intimidante e não havia más influências.

Mamãe gostou da ideia, e eu gostei da qualidade da música de lá. Uma delas parecia perfeita pra mim. Tocaram "Common Denominator", e o Scooter disse que aquela seria "a" música.

Out of all the things in life that I could fear,
The only thing that would hurt me is if you weren't here,
*I don't want to go back to just being one half of the equation**

Aquela música tinha o coração e a alma que eu procurava, e a metáfora matemática fazia imaginar um menino e uma menina um ao lado do outro, fazendo o dever de casa juntos.

Então, antes de termos orçamento, projeto ou começado a gravar o álbum, gravei o *single* e descobri que adoro estar em estúdio. Não tanto quanto adoro os palcos, mas bastante. Na noite em que terminamos a gravação, a Carin ia me levar pra casa, mas acabamos circulando por Atlanta, ouvindo minha música várias e várias vezes. Tomamos um sorvete em algum momento, mas acho que andamos de carro até umas três da madrugada. Até hoje essa é a música favorita da Carin, e ela sempre me diz que eu tenho de cantá-la em seu casamento. A música era linda. O que me deixava nervoso era não poder mostrá-la pra todo mundo. Montamos toda uma estratégia para lançar o primeiro single.

Duas vezes por ano, a Mama Jan organizava um showzinho com todos os seus alunos no Eddie's Attic, o lugar onde o John Mayer foi descoberto. Ela me convidou pra cantar lá. Ao final do show, depois de todos aqueles artistas maravilhosos que vinham estudando com ela há anos,

* "De tudo que eu podia temer na vida
A única coisa que me machucaria seria você não estar aqui,
Não quero voltar a ser apenas um dos lados da equação"

> **"Nunca trabalhei tanto na minha vida... e nunca me diverti tanto."**

levantei e cantei "Common Denominator". Ao final, todos aplaudiram de pé, e eu fiquei chocado. (O video está no YouTube. Presta atenção na minha cara!)

O Scooter mandou "Common Denominator" para o L.A. Reid, para o Usher, para todo mundo, dizendo que havia chegado a hora de gravar. Todos concordaram.

Em geral, um artista em início de carreira grava um álbum com umas dez músicas, lança e segue com outro álbum no ano seguinte. A ideia do Scooter e do L.A. era gravar umas doze músicas, mais algumas faixas bônus, dividindo-as em dois albums: *My World* e *My World 2.0*. Os álbuns seriam lançados com um intervalo de apenas quatro meses. Mergulhamos no estúdio. Nunca trabalhei tanto na minha vida... e nunca me diverti tanto.

Certa noite, o Scooter ia me deixar em casa, e eu estava adorando a música que tocava no carro. Era apenas uma guia – a faixa básica que um compositor grava só para ter uma ideia geral de como a música vai ficar.

– Que maneiro! Quem é esse cara? – perguntei.

– Adonis. É um compositor e cantor, mas escreve por encomenda.

– Legal, legal. E para quem é essa música?

– Para você.

Entrei em choque. Fiquei sem palavras. Achei que, se tentasse falar, começaria a chorar. O negócio é o seguinte: eu ainda era muito novo no jogo; e ter esse monte de gente fantástica escrevendo essas músicas comigo era demais pra mim.

Ainda hoje me sinto assim sempre que alguém que eu admiro no ramo quer trabalhar comigo. Me sinto muito honrado... Espero sempre me sentir assim.

O Scooter aumentou o volume e, quando chegamos em casa, ele passou direto para podermos escutar mais algumas vezes.

"Overboard..."

Eu não conseguia acreditar que aquela música genial era minha. Gravamos e eu adorei. Mais tarde, reeditamos a música com a Jessica Jarrell, e gostei ainda mais. Finalmente, tínhamos gravado dez músicas. Entre elas, "One Time", "Down to Earth" e "One Less Lonely Girl". Não sei nem dizer quais são as minhas favoritas: tenho orgulho de cada uma.

Agora era hora de tentar convencer o L.A. Reid a nos apoiar e lançar *My World* em grande estilo.

CAPÍTULO 6

BEM-VINDOS AO MEU MUNDO

Em janeiro de 2009, o Scooter foi à cerimônia de entrega dos Grammy, em Los Angeles. Sua primeira parada foi o bangalô do L.A. Reid, no hotel Beverly Wilshire, em Beverly Hills.

– O que é um bangalô? – precisei perguntar.

– Um dia, jovem *Padawan*. Um dia conhecerá o bangalô.

– Ok. Como foi?

– Para início de conversa, uma mulher, braço direito dele, me escoltou até o bangalô, que é tipo uma casinha dentro de um hotel luxuoso, onde o L.A. sempre se hospeda. A mulher me diz: "Queria que soubesse como eu estou orgulhosa. Um grupo tão legal merece esse sucesso", e por aí vai. "Estou muito feliz por vocês, mas vocês precisam entender que o L.A. é um cara da música. Os representantes dele voam para cá todo ano. E, se você conseguir mostrar três músicas pra ele, ótimo! Se ele escutar apenas uma, não fique chateado." Eu assenti, e ela continuou: "Quantas você vai mostrar?" Respondi que mostraria dez. Ela recomendou: "Você não vai mostrar dez. Escolha as três melhores e toque pra ele." Concordei.

– Calma aí, calma aí! Às vezes o Scooter se empolga contando uma história e não consigo acompanhar. Quais você escolheu?

– As três melhores.

– Tá, mas...

– Calma, escuta isso! O L.A. disse: "Esse material é excelente. Eu não esperava que fosse um monte de hits."

– Quais eram essas três músicas?

– Não interessa, porque ele escutou todas. E depois escutou tudo de novo.

– Ele ouviu as dez músicas duas vezes?

– Ele ouviu as dez músicas... duas vezes.

– Caraca! E aí, o que nós fazemos agora?

– Agora você vem pra cá e me ajuda a vender isso amanhã.

Pouco tempo depois, eu estava de volta ao sofá branco, ouvindo minha música com o L.A. Reid. Bizarro. Ele perguntou ao Scooter o que ele queria fazer, e ele respondeu que precisava de algum dinheiro para podermos fazer um clipe. O Asher Roth havia estourado na internet no ano anterior: seu álbum foi o mais vendido no iTunes por dez dias seguidos e ficou em quinto lugar no ranking *Hot 100* da Billboard. Asher era a sensação da internet. L.A. perguntou ao Scooter se eu conseguiria chegar lá também. Sem titubear, o Scooter respondeu:

– Ele já chegou lá, você só não sabe disso ainda. Esse menino é um gigante adormecido.

Convocamos o Usher para nos ajudar com o clipe de "One Time". O roteiro se resume basicamente a eu invadindo a casa do Usher para dar uma festa. Trouxemos meu melhor amigo, o Ryan "Butsy" Butler, para Atlanta para que ele estivesse na gravação. (É ele que aparece no início do vídeo, jogando videogame comigo.) Quando o restante dos figurantes chegou, havia um monte de garotas lindas, legais, divertidas – já falei que elas

"Ele já chegou lá ... Esse menino é um gigante adormecido."

eram incríveis? — de nossa idade. Dançando, jogando confete, nadando de biquíni.

— Cara, nossa... — O Ryan parecia ter dificuldades para respirar às vezes. — Isso é irado.

— Só tente agir com naturalidade. O dia vai ser longo.

O clipe ficou ótimo e a gravação foi muito divertida. O plano era postá-lo numa manhã de terça-feira, algumas semanas depois de o *single* ser lançado. Haveria anúncios promocionais no iTunes nos primeiros dias, divulgando um clipe maneiríssimo de um cantor novo, com participação do Usher. Bom plano, né?

Mas não foi isso que aconteceu. Por engano, o clipe de "One Time" caiu no sistema do iTunes duas semanas antes, num finalzinho de noite de sexta-feira, sem qualquer anúncio, promoção, propaganda, hot site... nada. Você tinha que literalmente digitar "Justin Bieber" no iTunes para ter acesso ao ícone do clipe. Se você não procurasse pelo nome específico, nunca saberia que o clipe estava lá. E, uma vez que ninguém sabia do clipe, ninguém iria procurá-lo.

O Scooter ficou com tanta raiva que deu até medo. Ele mandou um e-mail furioso para todos que estavam envolvidos com a divulgação do clipe de alguma maneira, e todos responderam, se solidarizando. Ele ficou quieto por um tempo — o que não é típico do Scooter —, sorriu e disse:

— Não estou irritado de verdade. Podemos tirar vantagem disso. A garotada vai achar o vídeo.

Tínhamos acabado de configurar meu perfil no Facebook, então postamos uma mensagem sobre o vídeo lá. Também havíamos criado um perfil no Twitter semanas antes, e mandamos o meu primeiro tweet:

justinbieber Veja meu single "ONE TIME" no myspace e espalhe a notícia pra mim. Valeu

22h27, 11 de maio, via web

Não parei de tuitar. Eu seguia todo mundo que me seguia e adicionei todos os amigos deles também. Eu respondia, retuitava, comentava e tuitava pra todos os lados, enquanto a conversa aumentava mais e mais.

Na segunda-feira de manhã, "One Time" era o terceiro clipe mais baixado no iTunes, superando alguns dos artistas mais famosos do mundo. Era inacreditável. Conseguimos: provamos que éramos capazes.

Na terça-feira de manhã, o clipe estava em segundo lugar, perdendo apenas para a Taylor Swift (e eu nunca reclamaria de ficar para trás em relação à Taylor Swift. Ela me apoiou desde o começo e é uma grande amiga minha).

Quarta, quinta, sexta: o clipe ainda estava lá.

"Se eu puder fazer um décimo do que ele [Michael Jackson] fez de bom pelas pessoas, posso contribuir de verdade para o mundo."

E, na semana seguinte... o rei do pop, Michael Jackson, morreu.

Alguém me mandou a notícia por mensagem de texto. Sentindo como se tivessem socado meu estômago, mandei uma mensagem para o Scooter: "Cara, é verdade que o Michael Jackson morreu?"

O Scooter respondeu, dizendo que as pessoas viviam espalhando mentiras deslavadas sobre o Michael. Ele não podia estar morto, mas estava. Os jornais diziam, a internet confirmava.

Fiquei inconsolável. Um dos meus grandes ídolos, e minha inspiração, não estava mais entre nós. É claro que, com isso, todas as músicas dele ficaram no topo da lista de mais baixadas no iTunes, porque ele é o Rei, o que significou, em contrapartida, que todos os outros artistas ficaram de fora do páreo por várias semanas. "One Time" foi para a posição número 14, figurando entre os vinte primeiros com alguns poucos artistas e todas aquelas músicas do Michael Jackson que fizeram parte da trilha sonora da minha vida desde que nasci. Que sensação estranha... O clipe de "One Time" permaneceu entre os 10 primeiros junto com a Taylor Swift e todos aqueles vídeos sensacionais do Michael, um dos grandes artistas de todos os tempos.

Reservamos, na turnê *My World 2.0*, um momento especial, uma homenagem ao Rei Michael Jackson, que serve para me lembrar o que é realmente importante nesse mercado. Ao som de "Wanna Be Startin'

"Minha equipe é minha família, e todos eles merecem brilhar também."

Something", apresento meus dançarinos e minha banda um por um, para que todos no palco recebam seus aplausos merecidos. Minha equipe é minha família, e todos eles merecem brilhar também.

Queríamos dar a essa turnê um caráter filantrópico forte, e isso significa, em partes, um tributo ao exemplo dado a nós por Michael Jackson. Um dólar de cada ingresso vendido é revertido para a Pencils of Promise, uma organização que constrói escolas em países em desenvolvimento. E a organização está crescendo rápido. Só com o que foi arrecadado na segunda fase da turnê, contribuímos para a construição de 15 escolas em todo o mundo. Michael Jackson foi o artista mais caridoso de todos os tempos e se eu puder fazer apenas um décimo do que ele fez de bom pelas pessoas, posso contribuir de verdade para o mundo". É isso que importa.

MINHA MATILHA

Ao longo do verão de 2009, lançamos meus primeiros quatro *singles*, embora seja meio incomum produzir tantos *singles* antes de estrear um álbum. Eu estava bombando no YouTube e no iTunes, mas as músicas não estavam sendo tocadas o bastante nas rádios para que eu tivesse um disco de sucesso. Muitas ainda não aceitavam a ideia de que alguém da minha idade seria capaz de tocar nas rádios; achavam que eu precisava fazer algum programa na Nickelodeon ou na Disney primeiro. Precisávamos mudar esse pensamento. O Scooter e dois dos meus parceiros da Island Def Jam, o Steve Bartels e o Erik Olesen, concluíram que só havia um caminho: combate mano a mano. Teríamos que, basicamente, ir a cada estação de rádio do planeta e obrigá-las a tocar meus *singles*. Tínhamos esperança de conseguir isso com nosso charme natural e carisma, mas estávamos decididos a chamar o CHUCK NORRIS caso fosse necessário.

A ideia parecia ótima, mas era difícil deixar Atlanta para trás. Mal havíamos nos estabelecido na cidade. Eu tinha um filhotinho de cachorro da raça *papillon* chamado Sammy, e estava saindo com uma menina de quem eu gostava muito. Também havia estreitado a amizade com Asher Roth e seus amigos. Ele estava um passo à minha frente no showbiz, e havia aprendido um monte de coisas na marra. Absorvi muitas das suas experiências só de ir à sua casa, que ficava a um quarteirão da minha, para jogar *Rock Band*. O Asher já tinha alcançado uma fama bem sólida nessa época, e estava em turnê na maior parte do tempo.

– Faça o que tem de fazer – aconselhou-me. – Agora é a hora.

O que tínhamos de fazer, de acordo com o Scooter, era ir a a qualquer lugar que nos pedissem e tocar nossa música a quem quisesse ouvir. De graça, a qualquer hora, em qualquer lugar.

O Usher achou que eu precisava de alguém capaz de me guiar nesse meio e aprimorar meu visual, e convidou o Ryan Good para ser meu assessor de estilo e gerente de turnê temporário. Na época, todos o chamavam de meu "personal stylist" – o que ele odiava tanto quanto ser chamado de "assessor de estilo", que é reduzir tudo o que ele faz por mim. Estilo é uma palavra tão abrangente. Pode significar como você se comporta, como você usa suas roupas e acessórios. Gosto de pensar que as pessoas se identificam com meu estilo. Normalmente estou de calça jeans e moletom, e o resto fica por conta da minha atitude. Não sei se é possível dar a outra pessoa um "estilo". Um "personal stylist" pode te dizer o que vestir, mas a atitude é com você. O Ry Good me orienta para que eu não pareça um idiota. Ele é, acima de tudo, um amigo sempre sincero. Todo mundo deveria ter pelo menos um desses, e eu sou muito sortudo de poder contar com vários.

"Estávamos decididos a chamar o CHUCK NORRIS caso fosse necessário"

Tudo começou comigo e um violão. Eu, mamãe e o Ryan viajamos por toda a América do Norte, tocando em diferentes estações de rádio. Depois, passei a tocar em shoppings, parques de diversão e lugares do gênero. Foi

“O Ryan é um amigo sempre sincero. Todo mundo deveria ter pelo menos um desses.”

quando o Scooter decidiu que eu precisava de dançarinos. Fomos para Los Angeles, onde está a maioria dos melhores dançarinos, e encontramos dois caras fora de série, o Antonio e o Marvin. A princípio, não tinha certeza se queria que eles fizessem parte de minha matilha. Mas quando os conheci melhor, vi que seria ótimo tê-los no grupo. Ensaiamos uma coreografia para minha primeira grande apresentação no Kansas. Começamos a receber mais pedidos de show, então pudemos levar nosso DJ, o Tay James, que também entrou para a matilha.

Fomos escalados para fazer um show num shopping em Toronto, e, quando chegamos à loja, havia apenas uma ou duas pessoas na plateia. Disparamos uma mensagem no Twitter, informando onde eu estava, e dez minutos depois umas quarenta pessoas apareceram. A equipe de segurança do shopping manteve a ordem enquanto foi possível, mas logo havia umas duzentas pessoas na fila, querendo entrar na loja. Tiveram de isolar uma ala inteira do shopping para que eu pudesse sair.

Enquanto estávamos no Canadá, decidimos colocar outro guitarrista na banda e passamos a fazer shows acústicos. Foi assim que chegamos ao Dan Kanter. Eu não estava muito seguro quanto a contratar alguém na época, mas o Dan é um músico sem igual e uma pessoa muito boa. Nos

tornamos melhores amigos rapidamente, sempre arrumando confusão. Ele também faz parte da minha matilha agora.

Eu conto com os meus amigos da mesma forma que dependo dos cabos de segurança nos shows. Você nunca sabe quando ou porque vai precisar deles, mas sabe que eles nunca te deixarão na mão, independente da situação.

FALANDO SÉRIO

Há uma grande diferença entre minha situação há um ano e minha situação agora. O Ry Good foi um dos divisores de águas.

Em 2009, nossa pequena banda tocava para quarenta pessoas na chuva no parque aquático Poughkeepsie. Acordávamos às 3h da madrugada para chegarmos cedo às rádios e emissoras de televisão. Esperávamos horas em aeroportos, tocando e compondo músicas entre um voo e outro. Todo dia havia entrevistas, e eu escutava as mesmas piadas sobre meu cabelo, minha altura e minha idade.

Para consulta futura, aqui vão algumas das perguntas que de fato podem ser assunto de conversa para mim:

u gosto...

- **Quando me perguntam sobre minha família e se tenho irmãos e irmãs.** (Sou um irmão mais velho coruja e estou sempre me gabando dos meus irmãozinhos: Jaxon e Jazmyn.)
- **Quando me perguntam qual é meu instrumento musical favorito.** (Toco trompete, além de violão, piano e bateria, e gosto de conversar sobre música a qualquer hora, em qualquer lugar.)
- **Quando me perguntam o que ouço no meu iPod.** (Estou sempre ouvindo novidades interessantes, porque todas as pessoas que conheço me recomendam um artista que desconheço. Gosto desde Tupac a bandas canadenses como Tragically Hip.)
- **Quando me perguntam de onde sou.** (Oh, Canadá! *I stand on guard for thee!*, como diz nosso lindo hino.)
- **Quando me perguntam sobre minhas viagens.** (Nada melhor para abrir a mente do que conhecer culturas diferentes da sua. Aprendi a respeitar culturas que antigamente achava estranhas, e, hoje, como umas comidas muito doidas.)
- **Quando me perguntam sobre escola e como eu estudo.** (Esse tema me dá a chance de contar a última que aprontei com a Jenny.)
- **Quando me perguntam quem é minha inspiração.** (Uma lista gigante, começando com o Usher e o vovô.)
- **Quando me perguntam sobre minha religião.** (Porque eu amo Deus, e não quero perder a chance de compartilhar esse sentimento.)

Gosto muito mesmo de...

Garotas...

...Garotas...

...Garotas...

...Garotas...

...Garotas...

...Garotas...

...Garotas...

Brincadeira. Não é só isso. Eu gosto de muitas outras coisas além de garotas. Pizza, por exemplo. Aprontar com os outros. E CHUCK NORRIS. Acho que você percebeu que eu estava brincando, mas nem todos acompanham a piada. A dica é: se você precisa perguntar se estou falando sério, saiba desde já que não estou. Na verdade, é difícil alguém aqui falar sério sobre qualquer coisa. Se você perguntar aos operadores da turnê o que eles fazem, o T.J. vai responder que é um neurocirurgião, e o Phildeaux que é da Vigilância Sanitária. Pergunte ao Scooter a profissão dele, ele vai responder que é *roadie*. Se perguntarem qual é a minha altura, respondo: dois metros. A gente zoa. E a gente adora zoar.

"A gente zoa. E a gente adora zoar."

NOVAS FRONTEIRAS

No último verão, aonde quer que eu fosse, os fãs me seguiam, e sempre ficávamos felizes em vê-los. Era só dar uma tuitada que uma multidão se aglomerava na rua em frente a alguma rádio ou em algum estacionamento de boliche, parque de diversões, qualquer coisa.

Era uma loucura, mas, àquela altura, o Kenny já estava na equipe como meu guarda-costas. Ele era um DJ de Atlanta que se tornou um amigo próximo. Quando o Scooter viajava com o Asher, eu ficava meio impaciente, enclausurado com mamãe o tempo todo dentro de casa, então o Kenny me levava aonde eu precisasse ou íamos juntos jogar boliche ou dar uns tiros no *laser tag*. Durante os preparativos para a turnê das rádios, o Scooter concluiu que não havia ninguém mais confiável ou solícito que o Kenny, e então matriculou Kenny num curso de capacitação em segurança pessoal.

Quando a turnê das rádios terminou, estava claro que a estratégia de lançamento bolada pelo Scooter havia funcionado — eu tinha estourado com quatro hits antes de o álbum *My World* ser lançado. Era a primeira vez que algo assim havia sido feito.

Tudo que estava relacionado ao lançamento do *My World* virou de cabeça para baixo o modo tradicional de se pensar nesse mercado. Um moleque magrinho e branco fazendo um disco com *rappers* mais do que respeitáveis. Um ídolo adolescente que não vinha de nenhum programa de TV.

"O Kenny me levava aonde eu precisasse, ou íamos juntos jogar boliche ou dar uns tiros no *laser tag*."

BAR
JUSTIN BIEBER

"Esse sucesso se deve a vocês."

Os especialistas em marketing da gravadora nos disseram que a expectativa era vender sessenta mil discos em cinco semanas. Acabamos vendendo novecentos mil.

É claro que eu e minha equipe gostaríamos de receber os créditos por esse sucesso, mas a verdade é que ele se deve a vocês. Nós somos bons, mas nem tanto, e todo dia acordo pensando que tenho os melhores fãs do mundo. Vocês fazem tudo por mim todos os dias, e, correndo o risco de fugir do roteiro do livro, queria que vocês soubessem que eu *sei disso* e agradeço a cada dia.

Voltando à história...

Quando minhas músicas chegaram às paradas de sucesso no Canadá, meus avós ficaram incrivelmente orgulhosos e animados, e isso é uma das coisas mais legais na história. Além de ser fantástico em todos os sentidos imagináveis, era maravilhoso deixar minha família orgulhosa — e poder ajudá-la. É sensacional pensar que eu finalmente pude comprar uma casa legal para minha mãe.

Estávamos ocupados demais para sermos convencidos, mas começamos a perceber que minha legião de fãs de fato era imensa. Na semana em que o *My World* foi lançado, eu tinha um evento agendado num shopping de Long Island. Resultado: o lugar estava um caos total. Milhares de fãs apareceram e a segurança do lugar mal conseguia controlar a multidão. Isso tudo antes mesmo de eu chegar. Tivemos de cancelar o evento pela segurança dos fãs, que é a prioridade máxima para o Scooter, para mim e

justinbieber às vezes é muito maneiro. em outras, é difícil e sofro muita pressão. Obrigado a todo mundo que me apoia. significa muito pra mim

17h32, 14 de abril, via web

para toda a equipe. Apesar de não estarmos lá e termos feito de tudo para controlar a situação, duas pessoas de nossa equipe foram presas. Foi uma loucura. A mídia comparou o incidente à Beatlemania. De repente, o mundo todo estava prestando atenção em mim.

Começaram a aparecer propostas de todo lugar. Programa de TV alemão? Claro! Loja de CD no Japão? Só se for agora! Fazer *bungee-jumping* numa ponte na Nova Zelândia? É isso aí!

No segundo semestre de 2009, viajamos pelo mundo todo, conhecendo inúmeros lugares lindos e fãs maravilhosos. Sei que parece tudo uma grande brincadeira, mas houve momentos em que eu estava tão cansado que parecia que não ia segurar a barra. Mas acho que o que me fez seguir em frente foi lembrar do sacrifício que minha mãe fez para que eu pudesse batalhar pelo meu sonho, saber como minha equipe se dedicou para concretizá-lo, e ver os rostinhos animados dos meus fãs no mundo todo . Mesmo nos piores momentos, todos vocês me colocam pra cima.

Cair na estrada definitivamente me fez abrir os olhos para as diferentes culturas e as diferentes formas de se ver as coisas. Era uma viagem (sem trocadilhos) ter a oportunidade de cantar em francês para meus fãs parisienses. Acho que foi um êxtase para eles. A vida na estrada me ensinou mais do que qualquer escola, e aprendi mais geografia que a maioria dos estudantes.

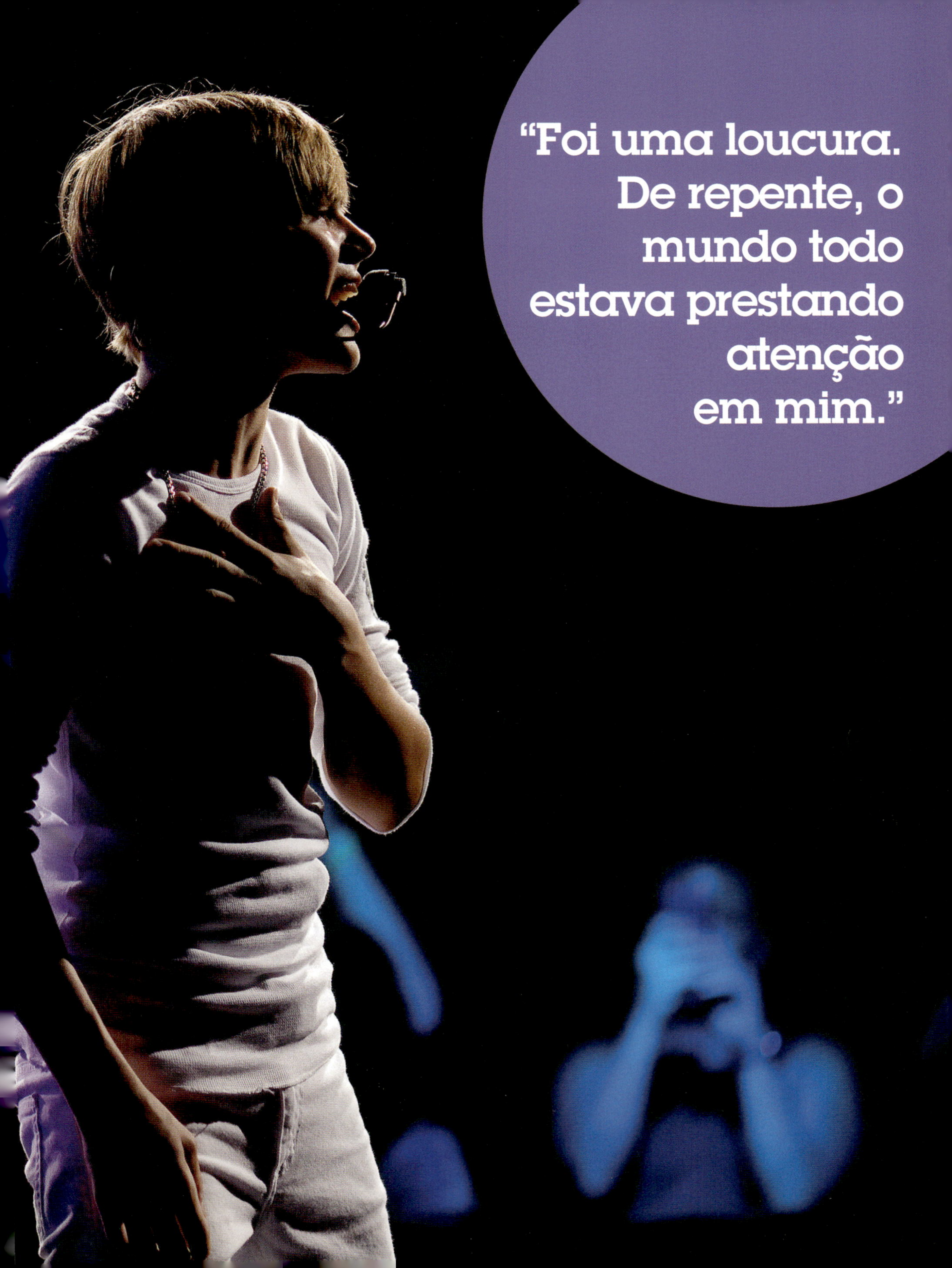

"Foi uma loucura. De repente, o mundo todo estava prestando atenção em mim."

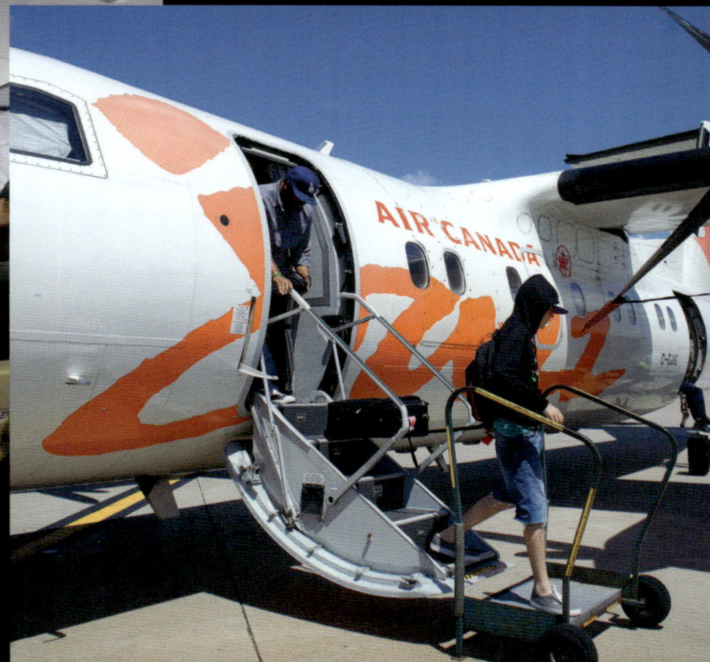

"Cair na estrada definitivamente me fez abrir os olhos para as diferentes culturas e as diferentes

BOA SORTE

Em novembro de 2009, fui convidado para abrir o show da Taylor Swift no Wembley Arena, em Londres. Era a maior plateia que eu já tinha visto até então – mais de 12 mil pessoas. Não fiquei nervoso, mas empolgado por estar com a Taylor diante de tantos fãs queridos.

Antes disso, o Usher me ensinou como aproveitar a energia incrível de um público tão grande assim.

– Deixe o público interagir com você. Eles querem cantar junto. Sei que você se esforça para cantar todas as letras direitinho, mas algumas vezes, deixe por conta deles. Deixe eles participarem, sabe? Porque eles fazem parte disso, dessa conexão. Eles estão conectados a você. Pense nisso. Torne isso parte de você. Você está aqui e lá. Esse é o momento deles, aquele toque, aquela relação.

Eu estava eufórico. Subi no palco, fiz meu show e tudo saiu ótimo. O Tay James animou nossa última música antes do bis.

– Quando eu disser "Justin", vocês gritam "Bieber"! Justin!

– *Bieber!*

– Justin!

– *Bieber!*

– Quando eu disser "One", vocês dizem "Time"! One!

– *Time!*

– One!

– *Time!*

justinbieber chegando aos bastidores no Wembley, em Londres. vamos nessa! valeu pelo convite
@taylorswift13, 13h28, 23 de novembro, via ubertwitter

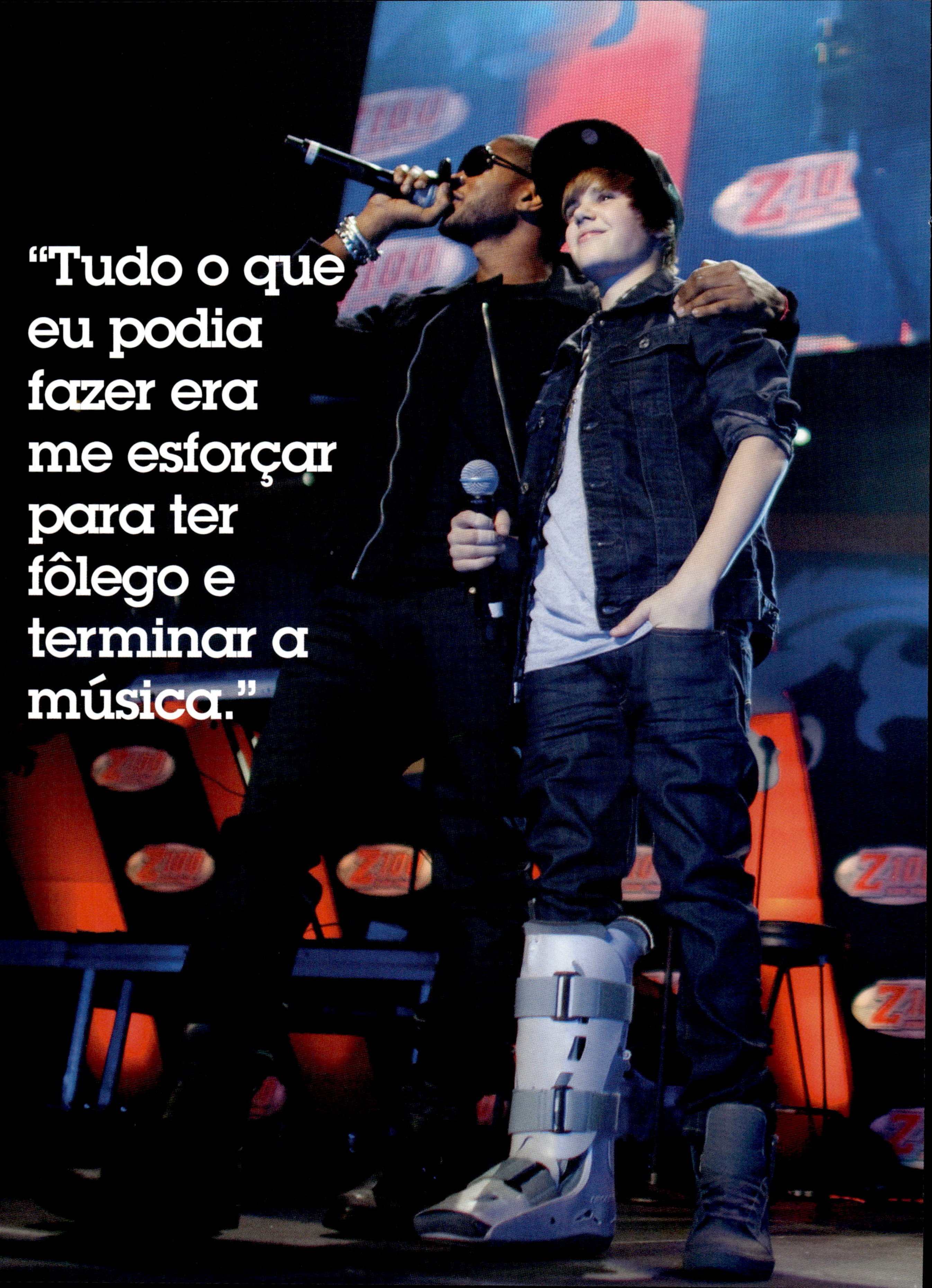

"Tudo o que eu podia fazer era me esforçar para ter fôlego e terminar a música."

Aquela energia de que o Usher falava era uma coisa viva, pulsante — multiplicada por 12 mil. Comecei a descer a rampa. Minha voz estava boa e meus movimentos, firmes; estava dando tudo certo, até eu chegar ao final da rampa, parando a apenas alguns centímetros de onde deveria ter parado. Meu pé escorregou para a direita, na beira da rampa, e parecia que eu estava pisando em um prego. A dor instantaneamente subiu do meu dedão até minha nuca. Eu tinha quebrado o pé andando de skate no ano anterior, então soube imediatamente que aquilo não podia ser coisa boa.

Eu tinha quebrado o pé.

No meio de uma música.

Na frente de doze mil pessoas.

E na frente da Taylor Swift.

Nem vou contar as palavras que vieram à minha mente. No entanto, a música continuou fluindo pelos meus lábios, em parte memória muscular, em parte por ser duro na queda no hockey, em parte no piloto automático do treinamento da Mama Jan. Continuei a cantar, e o público enlouquecia, mas a equipe que estava perto do palco começou a me olhar, desconfiando que algo estava errado. Eu não tinha como dançar da forma como normalmente danço. Provavelmente, eu estava dançando como aquele professor de química desengonçado que resolveu dançar com você na festa do colégio. A cada passo, parecia que eu estava pisando em outro prego. Usei todas as minhas energias para não gritar. Tudo o que eu podia fazer era me esforçar para ter fôlego e terminar a música.

Foram os três minutos mais longos da minha vida. O Dan fez umas firulas quando terminei de cantar, para distrair a plateia. Consegui acenar e

agradecer a todos enquanto mancava para fora do palco. Ao chegar aos bastidores, uivava como um cão! Não vou mentir, eu chorei de tanta dor. O Kenny me pegou no colo e ficou olhando pro camarim e gritando: "Chamem a ambulância!"

As pessoas nos bastidores estavam assustadas, querendo saber o que tinha acontecido.

O Scooter chegou, com minha mãe à sua direita.

– Justin? Meu Deus, o que aconteceu?!

Resmunguei alguma coisa parecida com "quebrei a porcaria do meu pé".

O Scooter escancarou as portas do camarim e o Kenny me colocou no sofá.

– Tem certeza? – perguntou ele. – Talvez você tenha só torcido...

– Nããão! Não encosta no meu pé!

– Ok, ok. Tá tudo bem. – Ele sacou seu iPhone para saber quais deveriam ser os primeiros socorros e descobrir como um empresário americano deveria proceder com um cantor canadense acidentado na Inglaterra.

A Taylor foi muito gentil. Ela subiria ao palco dentro de segundos, e os fãs estavam esperando por ela — doze mil pessoas gritando seu nome —, mas antes ela deu uma passada no camarim para saber se eu estava bem. Ela é uma pessoa admirável e uma verdadeira profissional. Ela ficou preocupada de verdade com a minha situação, mas tinha um show para fazer.

— Fica firme, Justin. Você vai melhorar. — Ela me deu um abraço apertado e saiu correndo para o palco. Sua mãe fez companhia à minha, que estava meio nervosa por conta da situação toda. Localizamos um hospital onde eu poderia tirar uma radiografia e engessar o pé. Não era exatamente o que eu sonhava fazer depois do meu maior show até então.

No dia seguinte, fomos a um ortopedista que me deu uma botinha que parecia ter sido tirada de um soldado clone de *Guerra nas estrelas*. Por dentro, tinha bolhas de ar infladas que mantinham meu pé e meu tornozelo firmes e imobilizados. Isso permitiu que eu continuasse me apresentando, mas ainda assim devo dizer que imobilidade não combina nada comigo: fiquei doido por não poder andar de skate, jogar futebol ou fazer quase nada por oito semanas. Cumpria todos os compromissos de imprensa e shows, mas estava mancando com o pé saudável, como um pirata perna de pau.

Resumindo toda a situação: foi uma droga.

Em primeiro lugar, doeu pra caramba. Em segundo lugar, eu estava escalado para me apresentar no "Christmas in Washington 2009", junto com o Usher, a Mary J. Blige, o Neil Diamond e mais um monte de artistas gabaritados. Na noite da apresentação em Washington — admito —, fiquei nervoso. Era uma grande honra, e eu não estava gostando muito da ideia de cantar diante do presidente Obama e de milhões de espectadores com minha botinha.

– Vou tirar a botinha – disse à mamãe e ao Scooter.

– Não vai, não! – responderam, em uníssono.

– Ok – falei.

Assim que eles saíram do camarim, tirei a botinha e apanhei o outro pé do sapato na minha mochila. Foi meio estranho no começo, mas já nem pensava nisso quando comecei a cantar na frente do presidente e da primeira-dama. Cantei a bela e antiga música de Stevie Wonder, "Someday at Christmas", e, de volta ao camarim, rapidamente pus a botinha de volta no pé, antes que a minha mãe pudesse ver. Essa é ou não é a maior trapaça de todos os tempos? "Foi mal, mãe. Não posso falar agora, estou batendo um papo com a Mary J. Blige e a Michelle Obama."

Mesmo em meio a toda essa loucura, mamãe e eu fizemos questão de passar o Natal em Stratford, prontos para jogar a brincadeira de troca de presentes e devorar o peru com molho da vovó. Viu? Algumas coisas nunca mudam...

Esse foi o Natal em que conheci aquela garota que beijei apaixonadamente por dias seguidos e com quem tive o relacionamento mais romântico da história da humanidade. Espera... isso não aconteceu. Mas eu me diverti pregando essa peça em vocês enquanto vocês devem ter ficado supercuriosos em casa! Foi mal, precisava tirar um sarro. Próximo capítulo. Uh-hul!

CAPÍTULO 7

E ISSO É SÓ O COMEÇO

justinbieber tô megaempolgado. que doideira. ano passado assisti à entrega do Grammy, e neste tô indo ao Grammy. vou conhecer alguns dos meus ídolos. mt louco

20h19, 30 de janeiro, via web

Em janeiro, começa a temporada de premiações da indústria fonográfica, e o evento mais importante, memorável e prestigiado dos Estados Unidos é, claro, o Grammy. Pensamos que, como meu álbum tinha sido lançado apenas cinco semanas antes do final do ano, provavelmente eu não seria convidado para a festa. Fui, no entanto, chamado para ser um dos apresentadores do evento, junto com a Ke$ha, que também tinha acabado de se lançar naquele ano.

Faríamos a propaganda de uma ferramenta que permitia aos fãs interagir com o evento. Os espectadores foram convocados a votarem na música do Bon Jovi que gostariam que a banda cantasse mais tarde no programa. Boa ideia, né? Eu tinha de ler umas palavras do *teleprompter*: "Ainda dá tempo de acessar CBS ponto com barra Grammys para votar na música que o Bon Jovi vai apresentar daqui a pouco."

Mas vocês me conhecem... Perco o amigo mas não perco a piada. Depois de um longo desfile passando por toda a imprensa no tapete vermelho, pirando por conhecer artistas fantásticos a cada cinco segundos,

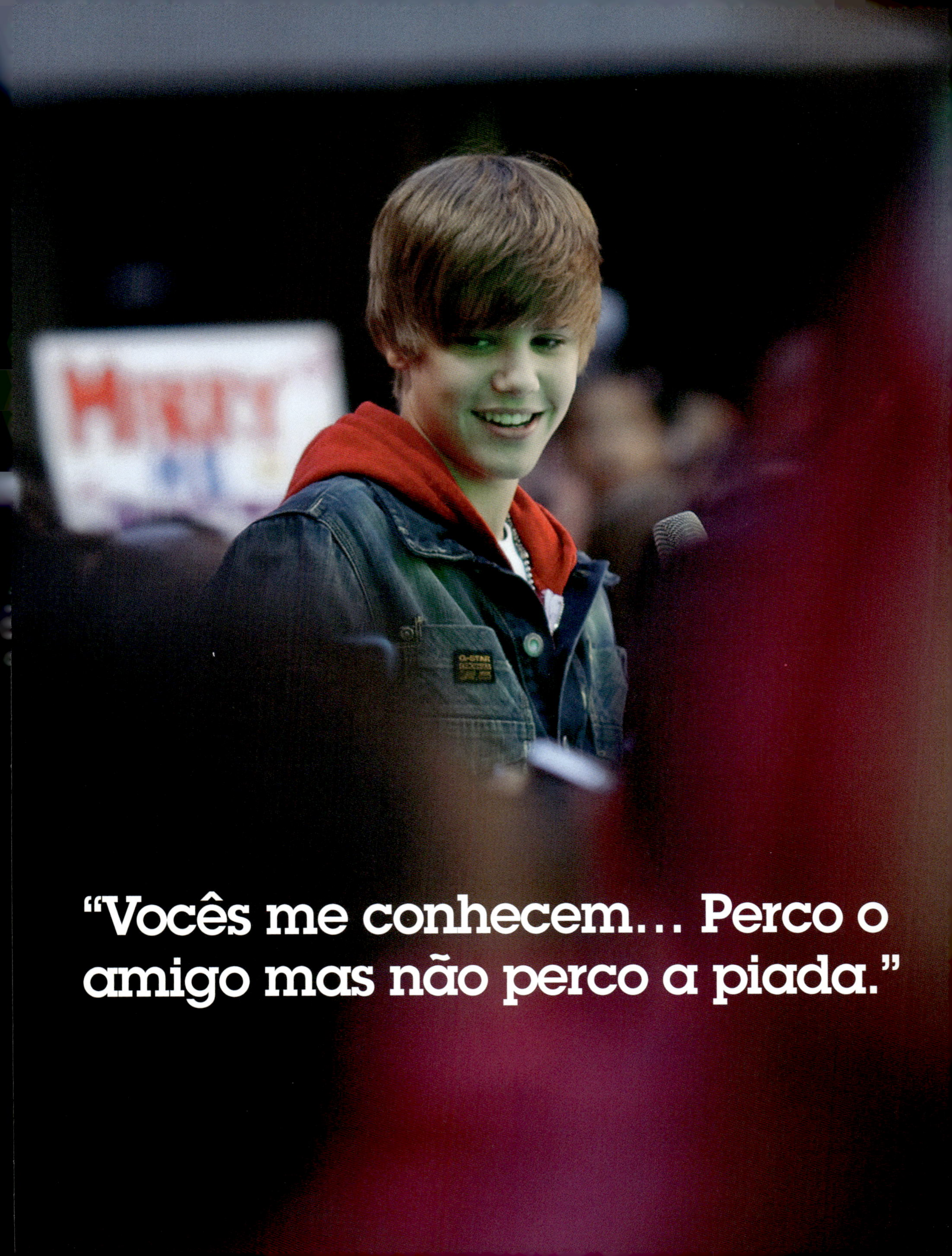

"Vocês me conhecem... Perco o amigo mas não perco a piada."

MUCH
MUCH

"Foi uma noite inesquecível. Foi enlouquecedor."

subi com a Ke$ha para ler o *teleprompter*. Para o meu delírio, a Beyoncé, minha paixão de longa data, estava sentada na primeira fileira. Ela estava tão linda... Foi mal aí, Jay-Z, não estou dando em cima da sua mulher, só estou constatando.

Decidi arriscar. Em vez de dizer "Bon Jovi", disse "Beyoncé".

– Quero dizer... quero dizer, Bon Jovi, Bon Jovi – gaguejei. – Me desculpem. É que a Beyoncé não sai da minha cabeça.

Apesar de ter feito isso de propósito, a plateia achou que eu confundi os nomes de verdade. Peguei vocês! Até a Beyoncé achou que eu tivesse me enganado, e me consolou quando a gente se encontrou nos bastidores. O gostinho doce da vitória! Ha-ha.

Foi uma noite incrível. Conheci muitos de meus ídolos, como Lionel Richie, Dave Matthews, Quincy Jones, Lil Wayne e Mary J. Blige — além do Jay-Z e da Beyoncé, claro. Foi maravilhoso.

As principais premiações musicais do Canadá são o Junos e o MuchMusic Video Awards. Fui indicado a revelação do ano no Junos, mas o Drake me venceu nessa. (Parabéns, Drake.) A Miley Cyrus apresentou o MuchMusic Awards, e ali foi só vitória, em todos os sentidos. Fui indicado e ganhei os prêmios de artista revelação e de clipe do ano. Também tive duas músicas indicadas ao prêmio de clipe internacional do ano de um canadense, então de certa forma ganhei de mim mesmo. (Parabéns, Bieb!)

Esse foi um momento meio CHUCK NORRIS pra mim.

NUNCA DIGA NUNCA

O Usher sempre me lembra de que, ao longo da minha carreira, haverá uma série de prêmios sendo distribuídos. Alguns eu ganharei, outros, não. É uma honra ser indicado, e melhor ainda ganhar, mas você não pode desprezar as honras e vitórias de verdade que acontecem longe das câmeras, como essa carta que recebi umas duas semanas depois do MuchMusic Video Awads:

15 de junho de 2010

Querido Justin,

Escrevo para agradecer por algo que você nem imagina que fez... Você me ajudou a enfrentar minha quimioterapia...

Em outubro de 2009 fiz uma cirurgia, e depois dela descobriram que eu tinha um tumor maligno. Ele foi removido, mas falaram para os meus pais que eu deveria fazer algumas sessões de quimioterapia, só para garantir. Por mais que a situação me deixasse triste, eu sabia que deveria lutar até o fim. Um dia depois do seu show em Toronto, na Kool Haus, fui internada num hospital pediátrico para fazer minha primeira sessão. Eu estava com muito medo do que aconteceria e de como meu corpo reagiria. A única coisa que me dava forças para continuar (além de ter minha mãe ao meu lado) era o fato de ter estado no palco com você na noite anterior. Você cantou pra mim, e depois me deu o boné que estava usando.

Seu boné e suas fotos foram a decoração do meu quarto no hospital em cada sessão de quimio que eu fazia. Falei sobre você para os médicos e enfermeiras, e muitas vezes até cantei algumas de suas músicas para eles. Quando eu não aguentava mais aquelas agulhas e o mal estar, simplesmente olhava para a foto de nós dois no palco, sorria e estava pronta para outra. Me lembrava de você dizendo aquele famoso verso para mim, "only you shawty" — "só você, baixinha..." — e tudo parecia mais fácil. Não consigo expressar em palavras o quanto um gesto aparentemente simples me ajudou a superar a doença terrível que meu corpo combatia.

Tenho certeza de que um dia poderei encontrá-lo e agradecer pessoalmente, mas enquanto isso não acontece...

Sua mais verdadeira fã,

Sabrina Moreino

"Cada um dos meus fãs é muito especial para mim."

Essa carta realmente me emocionou. A Sabrina diz que, depois de ter perdido todo o seu cabelo por causa das sessões de quimioterapia, passou a usar o boné que dei a ela. Isso me lembrava daquela música antiga do Rascal Flatts sobre a Sarah Beth, uma garota que estava fazendo quimioterapia e perdia o cabelo, mas, na festa de formatura, enquanto dançava com um garoto que gostava dela, "*for a moment, she's not afraid*" — por um momento, seu medo desapareceu. Não consigo nem dizer o quanto significa para mim ter feito parte daquele momento na vida da Sabrina. Ela está fora de perigo agora, e a caminho de uma vida longa e saudável, mas continuarei orando por ela. Pessoas como Sabrina, além de muitos outros fãs que conheci até agora me ensinaram a jamais esquecer da lição de *Never Say Never* — Nunca diga nunca.

Cada um dos meus fãs é muito especial para mim. Adoro estar no estúdio de gravação, mas não tanto quanto adoro estar nos palcos, porque é lá que consigo me conectar com vocês. Um dos meus momentos favoritos nos shows é quando caminho por entre a plateia, olho nos lindos olhos de vocês e lhes digo, num verso:

If you need me, I'll come running from a thousand miles away...

Muitos de vocês já devem ter visto minha fã de três anos fofa, a Cody. Postaram um vídeo hilário que mostrava ela chorando por não poder me ver. Dois dias antes do meu aniversário de 16 anos, fui ao programa *Jimmy Kimmel Live!*, em Los Angeles, e pude conhecer a Cody e sua família nos

* Se precisar de mim, virei correndo de uma distância de milhares de quilômetros...

bastidores. Vocês precisavam ter visto a cara dela quando entrei na sala! (Sério, procurem no YouTube. Os olhos dela ficaram do tamanho de uma bola de beisebol.) O legal é que eu também estava feliz de conhecê-la. O vídeo dela no YouTube nos fez rir por semanas.

Uns dois dias depois, demos uma superfesta para comemorar meus 16 anos. Todos especulavam se eu iria comemorar fazendo algo doido, mas eu só queria ficar com minha família, meus amigos e minha equipe. Alugamos uma casa e enchemos a despensa com comidas gostosas, jogamos basquete, nadamos, cantamos no karaokê e brincamos, acreditem, até de lutar sumô! Foi tão legal ter a oportunidade de simplesmente ser quem eu sou e estar cercado de pessoas que me amam de verdade. Para melhorar mais ainda, depois da festa, peguei um avião para o Canadá e curti com a minha família lá. E adivinha o que fizemos? Fomos jogar boliche. Não é tão extravagante quanto vocês imaginam o aniversário de um artista de sucesso, mas, no fim das contas, sou só um garoto normal. Não espero e nem quero que me tratem diferente.

justinbieber valeu todo mundo pelos parabéns. todos vcs mudaram a minha vida, e estão me dando um ótimo aniversário. obrigado

14h44, 1º de março, via web

"Demos uma superfesta para comemorar meus 16 anos. Alugamos uma casa e enchemos a despensa com comidas gostosas, jogamos basquete, nadamos, cantamos no karaokê e brincamos, acreditem, até de lutar sumô!"

SEM LICENÇA PARA DIRIGIR

Apesar de eu não querer receber privilégios de ninguém, acho que algumas coisas são diferentes para mim. Prova disso foi eu ter ganhado, de surpresa, uma Range Rover de presente de aniversário.

Fala sério!

Estava me sentindo meio patético porque não podia dirigir — eu ainda não tinha tirado carteira de motorista. Dei uma voltinha pelo quarteirão certo dia, escondido, e a mamãe ficou irritadíssima!

– Justin! Você sabe que não pode dirigir esse carro. Você nem tirou a carteira. Nem a provisória você tem ainda!

Que ridículo! Eu já tinha 16 anos e ainda não tinha tido tempo de tirar minha carteira provisória.

– Eu deveria ter tirado ano passado – argumentei com a mamãe. – Se continuar nesse ritmo, só vou ter carteira com trinta anos.

– Ok. Vamos reservar um dia da semana que vem para isso. A prioridade máxima vai ser correr atrás da sua carteira.

Reservei o dia e avisei à equipe. O dia chegou, e enviei uma mensagem a todo mundo que tinha telefone celular, contando que tiraria minha carteira: "Uh-hul! Carteira de motorista ainda hoje! A liberdade está chegando!"

– Você estudou para a prova? – perguntou o Scooter.

– Claro. É. Bem… você sabe... Pensei nisso. Pensei em dirigir, quero dizer. Tranquilo. Não se preocupe, não vou ser reprovado.

– Acho que é melhor você estudar um pouco mais, Justin.

– Eu já disse: não vou ser reprovado.

– Tem gente que é reprovada na prova porque nem passou os olhos pelo livro teórico.

– Cara, não vou ser reprovado.

E lá fui eu, reprovado na maldita prova.

Entrei na sala cheio de esperança de sair com a carteira provisória, sentar no banco do motorista e iniciar minha vida como um homem livre. Em vez disso, tive de encarar a mulher do outro lado do balcão, tentando não escutar o que ela estava dizendo.

– Opa! Por pouco! Você ficou reprovado por uma questão. – disse ela, sorrindo.

– Como? Não é possível.

Ela me entregou um papel que não era minha carteira provisória.

– Tire um tempinho para revisar as respostas e volte em trinta dias.

– Trinta dias?

Ela só podia estar brincando comigo. Eu nem sabia em que país estaria em trinta dias. Só sabia que seria trinta dias mais velho, e sem carteira.

Murmurei um "obrigado", coloquei meus óculos escuros e enterrei o

boné na minha cabeça. Mamãe me esperava na recepção, e, quando me viu, não precisou nem perguntar o que tinha acontecido.

– Ah, Justin… Está tudo bem, vai ficar tudo bem. Você pode tentar de novo...

– Vamos embora, por favor?

Do lado de fora, no estacionamento, chovia pra caramba, e a mamãe correu para dentro do carro. Para o banco do motorista. Que droga, cara! Aquilo não era justo! Eu não conseguia aceitar. Comecei a andar. Caminhar vinte quilômetros na chuva parecia mais fácil que sentar

“Parecia que todos os carros que passavam estavam caçoando de mim”

no banco do carona, quando eu só pensava em voltar dirigindo pra casa.

A mamãe abaixou um pouco o vidro e gritou:

– Justin! Você está ficando ensopado! Entre no carro!

Eu estava prestes a chorar, e não ia de jeito nenhum me sentar no banco do carona, choramingando como uma criancinha de dez anos. Mamãe continuou me chamando enquanto eu caminhava em direção ao fim do estacionamento e me aproximava da rua. Parecia que todos os carros que passavam estavam me caçoando.

Bobão, bobão. A gente pode dirigir, você não!

Uma garota passou dirigindo, tagarelando no celular e retocando a maquiagem enquanto ziguezagueava rua abaixo, mas ela certamente tinha carteira, não tinha? Uma velhinha dirigia a trinta por hora. Mal conseguia enxergar além do volante do seu Cadillac, mas obviamente não sofreu para passar na maldita prova. Um cara grandalhão cruzou a avenida em sua picape, fumando um cigarro, e jogou a guimba na rua como se o mundo fosse um grande cinzeiro. Ele pode dirigir, e eu não?

– Ahhhh! Eu te odeio! – berrei para ele. Foi tão revigorante que berrei também para o próximo motorista: – Eu te odeio! E te odeio também! E você também! Odeio!

Mamãe continuou sentada no carro enquanto eu descontava minha frustração no tráfego.

– Justin, já chega. Justin, falando sério, entre no carro... agora. – gritava ela de tempos em tempos, baixando um pouco a janela.

Finalmente entrei, ensopado. Justin Bieber, o mais novo *pop star* do mundo, sem carteira provisória de motorista. Naquele dia, mais tarde, o Scooter e o Kenny apareceram para me levar a algum lugar.

– Isso é um saco – disse a eles.

– É um saco mesmo – o Scooter concordou. – Mas trinta dias passam rápido. Da próxima você consegue.

– Bombei por uma questão, e quanto olhei as respostas; logo aqui, olha só; sabia que tinha marcado a certa – puxei o papel todo amassado do meu moletom. – "Quando é permitido virar à direita num semáforo, você deve (a) continuar e virar à direita, (b) desacelerar antes de virar à direita, ou (c) parar completamente e depois virar à direita."

– Cara, você tem que parar completamente e depois virar à direita – lançou o Scooter.

– O quê? Claro que não! Ninguém nunca para completamente.

– Bem, mas deveria.

– Você mesmo nunca para.

– Paro, sim. Sempre paro.

– Cara, já andei no seu carro umas dez milhões de vezes, e você nunca parou completamente antes de entrar à direita.

– É verdade, cara – disse o Kenny, me ajudando. – Você nunca para, Scooter.

– Bem, isso é... eu... Ok. Mas não importa o que eu faço – disse Scooter.

"Sempre há muita risada no fim do túnel."

– O que importa é a lei, e a lei diz que você tem que parar completamente, e agora você sabe disso. Você vai fazer a prova de novo, e dessa vez é bom estudar a cartilha.

Enfiei o papel de volta no bolso, perguntando-me por que não havia estudado para a prova? Mas apesar disso, em voz alta, dizia:

– Isso é besteira, cara. Que saco.

– Eu sei – disse o Scooter. – Também bombei na minha primeira prova.

– Bombei três vezes – acrescentou o Kenny. – Na quarta vez, engatei.

O Scooter e eu olhamos para ele por alguns segundos, e depois todos nós começamos a gargalhar sem parar.

– Quatro vezes... Admiro sua perseverança, Kenny. Se fosse comigo, ainda estaria andando de bicicleta – comentou o Scooter.

Não conseguíamos parar de rir. Acho que nesse dia aprendi que, independentemente do quanto as coisas estejam indo mal, sempre há muita risada no fim do túnel. É só procurar um motivo.

justinbieber Por que dizemos que o trânsito está parado, se é igual a movimento. Simplesmente não faz sentido

19h37, 2 de junho, via twitter para BlackBerry®

SÓ ZOANDO

Fiz a prova novamente trinta dias depois e fui aprovado. No final, tudo deu certo. No dia seguinte à reprovação e à gritaria para os carros no meio da chuva, o único problema foi como minha voz ficou depois. Mal conseguia falar, quanto mais cantar. Até resmungar era difícil. Toda vez que eu fico doente ou que a minha voz é prejudicada — por eu ter me empolgado além da conta numa festa ou ter me esgoelado num jogo de basquete ou hockey —, todos agem como se fosse o fim do mundo. A Mama Jan já chega colocando ordem.

– Descanse a voz. Não abra a boca – ordena ela.

Ela estabelece as regras e, como eu já disse, não brinca em serviço: eu não posso falar ou cantar até que ela permita. Ela passa a trabalhar comigo como um treinador militar até que tudo volte ao normal. Enquanto isso, o Scooter e sua equipe precisam se virar para reagendar tudo que eu deveria estar fazendo — entrevistas, gravações ou qualquer coisa do tipo.

Certa vez, eu fiquei de escolher uma lista de vídeos para o YouTube, e a pessoa a quem prometemos fazer isso ficou meio desconcertada quando o Scooter ligou para ela contando o que aconteceu. A data de lançamento do álbum *My World 2.0* estava se aproximando, e precisávamos de toda a equipe ao nosso lado, então o Scooter disse à moça do YouTube que daríamos um jeito.

“Mal conseguia falar,
quanto mais cantar.”

justinbieber Quando o Chuck Norris para em frente a um espelho, ele se quebra, porque o espelho sabe que nunca deve ficar entre CHUCK NORRIS e CHUCK NORRIS

14h31, 9 de fevereiro, via web

No bilhete da foto, Justin escreveu: "Eu sou um ninja. Ando nas pontas dos pés, como as patas de um animal andando ao contrário."

– Justin, o plano é o seguinte: sabe aqueles filmes de *kung-fu* dublados? Tipo, sai um vozeirão danado da boca de um menininho magrelo, mas tudo fora de sincronia. Você só vai ficar sentado, mexendo a boca, e eu faço a sua voz – propôs o Scooter mais tarde.

– Caraca, Scooter, isso é... – arrisquei dizer.

– Cala a boca! Não diga nada.

– Mas o que você vai dizer?

– Tenho a lista que você bolou. Vou inventar algo.

Apenas assenti. Uma representante da Def Jam preparou a câmera, e eu sentei numa cadeira em frente ao Scooter, do outro lado da sala. Ele tinha minha lista de vídeos favoritos na mão. No momento combinado, fiz uma cara de *kung-fu* e mexi minha boca. O Scooter começou a fazer uma voz rosnada por cima da minha fala.

– Obrigado por assistirem ao lançamento do meu clipe "Never Let You Go". Agora vamos à minha lista de clipes favoritos. O primeiro lugar vocês já assistiram: "Never Let You Go". O próximo vídeo é do Chuck Norris, grande campeão de pancada. Ele está lutando contra um urso. E quem luta contra um urso? Só mesmo o CHUCK NORRIS. O urso foge. Adoro esse vídeo. O próximo vídeo é da Cody chorando. Ah, jovem *Padawan* Cody. Ela chorou porque não conseguiu me ver o dia inteiro. Eu conheci a Cody mais tarde. Você também encontra isso no YouTube, mas vamos ver a garotinha chorando agora. O choro é música para os meus ouvidos. O vídeo seguinte... Espera aí... Deixa eu lembrar qual é.

Mirage XL

BEVERAGES

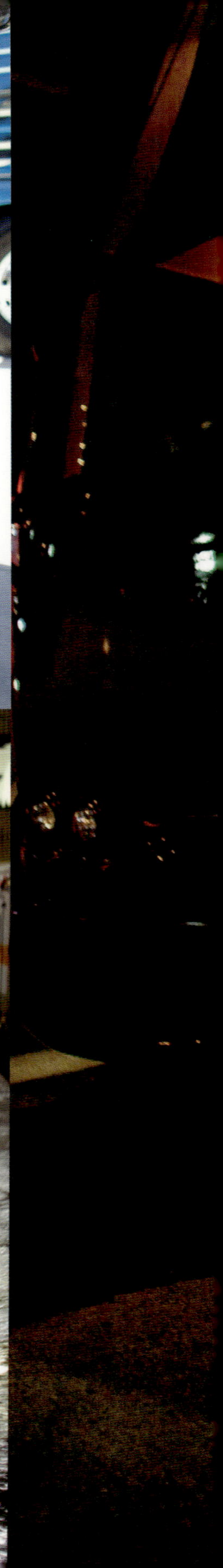

"Adoramos zoar um ao outro."

O Scooter olhou para a lista mas não conseguiu ler meu garrancho. Ele a mostrou à representante da gravadora e perguntou:

– O que é isso?

– Legaci – cochichou ela de volta, enquanto eu tentava me controlar para não rir diante da câmera.

– Ah, sim. Meu próximo vídeo é dos meus backing vocals, o grupo Legaci. Eles foram descobertos por mim, Justin Bieber, cantando minha música "Baby". Confira, eles são muito bons mesmo. Gosto deles; não vou matá-los.

A representante e eu caímos na gargalhada, então tivemos de fazer um pequeno intervalo.

– Justin, para de rir! – disse o Scooter. – Controle-se.

– Tranquilo, estou bem.

– Sem falar!

– Tranquilo!

– Cala a boca!

Suspirei e a representante voltou a gravar.

– Olá! Sou o Justin Bieber, de novo com vocês. Estava malhando um pouco.

Comecei a querer rir, mas o Scooter me olhava me repreendendo.

– Vou falar pra vocês sobre mais um vídeo ótimo da minha lista. Essa é uma das maiores cobras do mundo. É um vídeo muito bom. Assistam até o fim. É irado! Agora! Comprem meu novo álbum, *My World part 2.0*. É o máximo. Agora saiam daqui. Eu sou Justin Bieber, o mestre. Ha-ha-ha-ha-ha!

Corta. Corta. Corta. Ríamos pra valer.

Foi mal, Mama Jan, não consegui me segurar. Foi irado!

Por mais que adoremos zoar um ao outro, rimos muito das várias coisas malucas que as pessoas espalham por aí (às vezes legais, às vezes não) para me zoar e zoar meus fãs. Em geral, rimos, mas, de vez em quando, preciso me pronunciar...

justinbieber vamos lá, agora vou falar sobre uns boatos doidos... muito divertido.

14h43, 29 de junho, via web

justinbieber UM...eu não estou morto... precisei até verificar, mas confirmei que estou vivo

14h44, 29 de junho, via web

justinbieber DOIS... minha mãe é uma mulher de respeito... não vou nem comentar, porque esse boato é grosseiro e me dá nojo...

14h46, 29 de junho, via web

justinbieber TRÊS...não entrei pro *Illuminati* ou para qualquer outra seita. Sou cristão, rezo antes de cada show e agradeço por tudo q tenho

14h47, 29 de junho, via web

justinbieber QUATRO... não sou o Peter Pan. tô crescendo e minha voz vai mudar, mas sem grilo, pq a Jan Smith é a melhor professora de canto do mundo. serei mais forte do q nunca!

14h50, 29 de junho, via web

justinbieber SEIS...não tenho 3 metros de altura e não "atiro bolas de fogo pelo rabo"... quem fazia isso era o Coração Valente

14h54, 29 de junho, via web

justinbieber SETE...sim, pulamos a 5... por que? sei lá, a 5 estava na dela e não quis entrar na festa

14h56, 29 de junho, via web

justinbieber OITO... o asher roth não é meu irmão mais velho... é só um grande amigo.

14h59, 29 de junho, via web

justinbieber NOVE...estudo em casa e não vou entrar numa escola a cada cidade que eu for ano que vem

15h00, 29 de junho, via web

justinbieber e DEZ...não, o Chuck Norris não é meu pai biológico... embora seja realmente pai do Hércules

15h02, 29 de junho, via web

DEIXE A MÚSICA TOCAR

HARTFORD, CONNECTICUT
TERÇA-FEIRA, 22 DE JUNHO DE 2010
20H30

O XL Center está vibrando em som e energia. As meninas da banda The Stunners iluminam o palco e o Sean Kingston arrebenta! No camarim, batuco nas minhas próprias pernas. A letra do meu ultimo *single* passa sem parar na minha mente.

I never thought that I could walk through fire
Never thought that I could take a burn
Never had the strength to take it higher
*Until I reached the point of no return. . .**

– Está na hora – informa o Ryan.

Minha equipe se reúne num grande abraço coletivo. Mamãe agradece a Deus por todas as bênçãos colocadas em nossas vidas. A Mama Jan pede que minha voz seja abençoada pelo poder do amor. Oro pela minha segurança, pela dos dançarinos e pela de todos da equipe. O Dan começa a entoar uma reza em hebraico arcaico que o Scooter nos ensinou:

---

* “Nunca achei que poderia caminhar pelo fogo
Nunca achei que aguentaria uma queimadura
Nunca tive forças para superar
Até que não tive mais saída...”

– Sh'ma Yis'ra'eil Adonai Eloheinu Adonai echad' – "Ouça, ó Israel, que o Senhor é nosso Deus, o Senhor é Um."

Seguimos para a entrada do palco, com o Kenny e o Scooter iluminando o caminho. Mamãe está a dois passos de nós. Mesmo que eu não consiga vê-la, sei que ela está lá. O Usher caminha ao meu lado, apertando meu ombro. Ele se aproxima de meu ouvido para que eu consiga ouvir por cima dos vinte mil fãs gritando tão alto quanto as turbinas de um avião.

– O primeiro passo para a eternidade, cara.

E em seguida a música começa.

BIEBER

OBRIGADO!

Isso é só o começo. Obrigado por terem feito o sonho de um moleque do interior virar realidade.
Nunca digam nunca.
Amo vocês.